Karel Čapek
Norbert Lechleitner, Hg.

MEIN
GARTEN
JAHR

Ein literarisch-praktischer Begleiter

Bassermann

Nach der ältesten Übersetzung des Werkes »Zahradníků rok« von Karel Čapek durch Julius Mader (Das Jahr des Gärtners) bearbeitet und dem heutigen Sprachgebrauch angepasst, sowie um die Planung monatlicher Gartenarbeiten erweitert von Norbert Lechleitner.

Zu Gunsten der leichteren Lesbarkeit hat der Autor rein pragmatisch die männliche Sprachform gewählt. Dafür bittet er die Leserinnen um Verständnis. Denn selbstverständlich verbindet er mit dem von ihm beschriebenen »Gärtner« alle Menschen, die sich mit Lust und Liebe der Hege und Pflege der von ihnen angelegten Paradiese widmen.

INHALT

Es ist ganz gleich, ob ein Garten klein oder groß ist.

Was die Möglichkeiten seiner Schönheit betrifft,

so ist seine Ausdehnung so gleichgültig,

wie es gleichgültig ist, ob ein Bild groß oder klein,

ob ein Gedicht zehn oder hundert Zeilen lang ist.

HUGO VON HOFMANNSTHAL

WIE MAN EINEN GARTEN ANLEGT

Gärten kann man auf verschiedene Art anlegen; die beste ist wohl die, einen Gärtner zu beauftragen. Der Gärtner pflanzt dann verschiedene Stöcke, Zweiglein und Reiser ein, von denen er behauptet, dass sie Ahorn, Weißdorn, Flieder seien, und zu Hochstämmen, Halbstämmen und anderen Sorten wachsen würden. Dann wühlt er in der Erde herum, kehrt das Unterste zuoberst, drückt alles wieder glatt, stampft dazwischen Wege ein, steckt hier und dort irgendein verwelktes Laub in die Erde, von dem er erklärt, es seien Stauden, sät den Samen für den künftigen Rasen aus, den er Englisches Raygras und Knäuelgras, Wiesenfuchsschwanzgras, Kammgras und Lieschgras nennt. Dann geht er fort, den Garten braun und kahl wie am ersten Tage der Erschaffung der Welt zurücklassend; und im Fortgehen legt er euch ans Herz, all die Gartenerde täglich sorgsam zu gießen und, bis das Gras zu wachsen anfängt, Kies für die Wege anfahren zu lassen. Nun gut.

Man würde denken, das Bewässern eines Gartens sei eine sehr einfache Sache, besonders wenn man einen Schlauch dazu benutzt. Es zeigt sich aber bald, dass der Schlauch ein ungewöhnlich hinterlistiges und gefährliches Geschöpf ist, solange er nicht gezähmt wurde. Er krümmt sich, schnellt hoch, macht eine große Wasserlache unter sich und taucht mit Wonne in den Schlamm unter, den er sich auf diese Weise geschaffen hat. Plötzlich stürzt er auf den Menschen los, der gießen will, und ringelt sich um dessen Beine. Man muss auf den Schlauch treten, da aber leistet er Widerstand, windet sich einem um Hüften und Hals. Während der Angegriffene mit ihm wie mit einer Riesenschlange kämpft, richtet das Ungetüm sein Messingmaul nach oben und speit einen mächtigen Wasserstrahl auf die frisch geputzten Fenster. Es bleibt nichts anderes übrig, als das Biest energisch beim Kopf zu packen und so weit als möglich von sich zu strecken; die Bestie wütet vor Schmerz und beginnt Wasser zu spritzen, freilich nicht aus dem Maul, sondern aus dem Wasseranschluss oder aus der Mitte des Körpers. Beim ersten Mal sind drei Leute zum Bändigen nötig. Alle verlassen dann den Kampfplatz, bis über die Ohren mit Erde beschmiert und vollkommen durchnässt. Was den Garten betrifft, verwandelt er sich stellenweise in eine schmierige Pfütze, während er an anderen Stellen vor Trockenheit Risse bekommt.

Bewässert man täglich, beginnt in vierzehn Tagen Unkraut statt Gras zu wachsen. Es ist ein Naturgeheimnis, dass sich aus dem besten Rasensamen das üppigste und stachligste Unkraut entwickelt; vielleicht sollte man Unkrautsamen aussäen, um einen schönen Rasen zu bekommen. Nach drei Wochen ist der Rasen dicht mit Löwenzahn, Disteln und anderem kriechenden oder tief in der Erde verwurzelten Unkraut bewachsen; versucht man, es aus der Erde zu ziehen, reißt es oberhalb der Wurzel ab oder nimmt einen ganzen Erdklumpen mit. Es ist schon so: Je größer das Luder, desto besser gedeiht es.
Inzwischen verwandeln sich durch eine geheimnisvolle Umwandlung der Materie die Oberflächen der Wege in die klebrigste und schlüpfrigste Tonerde, die man sich nur vorstellen kann.
Nichtsdestoweniger muss man das Unkraut aus dem Rasen entfernen; man jätet und jätet, und hinter jedem Schritt verwandelt sich der künftige Rasen in kahle, braune Erde, wie sie am ersten Tag der Erschaffung der Welt ausgesehen haben mag. Nur an zwei oder drei Stellen bemerkt man einen grünlichen Schimmer, gleich einem hingehauchten, schütteren Flaum; da gibt es keinen Zweifel mehr, das ist Gras. Man schleicht auf den Zehenspitzen umher und jagt die Spatzen fort; und während man noch auf den Boden starrt, treiben an den Stachelbeer- und Johannisbeersträuchern die ersten Blättchen heraus. Immer kommt einem der Frühling zuvor!

Das Verhältnis zu den Dingen hat sich geändert. Regnet es, sagt man, es regnet auf meinen Garten; scheint die Sonne, scheint sie nicht bloß so, nein, sie scheint auf meinen Garten; ist es Nacht, stellt man mit Befriedigung fest, dass mein Garten sich ausruht.

Eines Tages öffnet man die Augen und der Garten leuchtet in frischem Grün, Tau erglänzt auf dem hohen Gras, pralle, bräunliche Knospen gucken aus dem Dickicht der Rosenstöcke hervor, und die älter gewordenen Bäume werden breitästig und dunkel mit schweren Kronen und spenden feuchten Schatten voll verwesendem Duft. Nichts wird mehr an den zarten, kahlen und braunen Garten jener Tage erinnern, an den spärlichen Flaum des ersten Grases, an das armselige Aufbrechen der ersten Knospen, an all die erdige, arme und rührende Schönheit des Gartens, als er angelegt wurde.

Nun gut, jetzt aber heißt es fleißig gießen, jäten und die Steine aus der Erde buddeln.

Wie der Gärtner entsteht

Allem Anschein zuwider wird der Gärtner weder aus Samen, aus einer Knolle, einem Trieb noch einem Ableger geboren, sondern er entsteht durch die Erfahrung, durch die Umgebung und die Bedingungen der Natur. Solange ich klein war, hatte ich ein feindseliges, ja schadenfrohes Verhältnis zu Vaters Garten, weil mir verboten war, auf den Beeten herumzutreten und unreifes Obst zu pflücken. Ähnlich war es auch dem Adam im Garten des Paradieses verboten, auf den Beeten herumzutreten und Obst vom Baum der Erkenntnis zu pflücken, weil es noch nicht reif war; nur dass Adam, so wie wir Kinder, doch das unreife Obst pflückte und deshalb aus dem Paradies hinausgejagt wurde. Von dieser Zeit an ist und bleibt das Obst am Baume der Erkenntnis unreif. Solange sich ein Mensch in der Blüte seiner Jugend befindet, glaubt er, eine Blüte sei Falschgeld oder das, was man einem Mädchen schenkt; er hat nicht das richtige Verständnis dafür, dass eine Blüte etwas ist, das überwintert, das man hackt und düngt, umsetzt und für Stecklinge verwendet, beschneidet, anbindet und von Unkraut, Samenstand, trockenen Blättern, Blattläusen und Mehltau befreit. Statt die Beete umzugraben, läuft er den Mädchen nach, befriedigt seinen Ehrgeiz, genießt die Früchte des Lebens, die er nicht selbst gepflanzt und gepflegt hat, und verhält sich überhaupt im Ganzen destruktiv. Es ist eine gewisse Reife, ich möchte sagen, ein gewisses väterliches, respektive mütterliches Alter vonnöten, um ein ambitionierter Amateurgärtner werden zu können. Überdies muss man einen eigenen Garten haben. Gewöhnlich lässt man ihn von einem Berufsgärtner anlegen und denkt, dass man nach getaner Arbeit in den Garten gehen kann, sich über die Blumen freuen und dem Zwitschern der Vögel lauschen werde. Eines Tages setzt man selbst mit eigener Hand eine Blume ein; ich tat das mit der Hauswurz. Dabei dringt durch einen kleinen Riss in der Haut eines Fingers oder sonst irgendwie etwas Erde in den Körper und verursacht eine Vergiftung oder Entzündung. Kurzum, der Mensch bekommt das Gartenfieber.

Ein andermal entsteht ein Gärtner durch Ansteckung seitens der Nachbarn; er sieht vielleicht, wie beim Nachbar die Pechnelke wächst, und denkt sich: Verdammt, warum könnte sie nicht auch bei mir blühen? Das wäre ja noch schöner, wenn ich das nicht besser hinbekäme! Von da an verfällt der Gärtner immer tiefer und tiefer der neu erwachten Leidenschaft, die durch weitere Erfolge genährt und durch weitere Misserfolge angestachelt wird. Der Sammlertrieb bricht bei ihm durch, der ihn anspornt, alles nach dem Abc großzuziehen, von der Achillea bis zur Zinnia; später entwickelt sich in ihm der Eifer für Spezialitäten, der aus dem bis dahin zurechnungsfähigen Menschen einen Rosenliebhaber, Dahlienliebhaber oder eine andere Art überspannten Monomanen werden lässt.

Andere wieder verfallen einer künstlerischen Leidenschaft, bauen, ändern und pflanzen ständig ihren Garten um, stellen Farben zusammen und gruppieren die Blumenstöcke neu; gehetzt durch die sogenannte schöpferische Unzufriedenheit, wechseln sie aus, wo etwas steht und wächst. Es soll sich nur ja niemand einbilden, echte Gärtnerei sei eine idyllische und beschauliche Tätigkeit. Eine unstillbare Leidenschaft ist sie, wie alles, was ein gründlicher Mensch beginnt.

Jetzt will ich noch verraten, woran man einen wirklichen Gärtner erkennt.

»Sie müssen mich besuchen«, sagt er, »ich muss Ihnen meinen Garten zeigen.« Geht man also hin, um ihm eine Freude zu machen, so findet man sein Hinterteil irgendwo zwischen den Stauden emporragen.

»Ich komme gleich«, sagt er über die Schulter hinweg, »ich setze nur das hier um.«

»Lassen Sie sich nicht stören«, erwidert man ihm freundlich.

Nach einiger Zeit ist das Zeug wahrscheinlich schon umgepflanzt; kurzum, er erhebt sich, macht einem die Hand schmutzig und sagt, vor Gastfreundschaft strahlend: »Also kommen Sie, schauen Sie ihn sich an; es ist zwar nur ein kleiner Garten, aber – einen Augenblick«, sagt er und bückt sich zu einem Beet nieder, um einige Gräser auszujäten. »Also kommen Sie. Ich zeige Ihnen meine Dianthus musalae, da werden Sie Augen machen. Herrgott, hier habe ich vergessen aufzulockern«, stöhnt er und beginnt in der Erde herumzustochern. Nach einer Viertelstunde richtet er sich wieder auf und meint: »Richtig, ich wollte Ihnen ja die Glockenblume, Campanula wilsonii, zeigen.

Das ist die schönste Glockenblume, die – warten Sie, ich muss den Rittersporn da anbinden.« Sobald er ihn angebunden hat, erinnert er sich: »Ach ja. Sie wollten den Reiherschnabel sehen. Einen Augenblick«, brummt er, »ich will nur diese Aster hier umsetzen, sie hat zu wenig Platz.«
Worauf man auf den Fußspitzen davonschleicht und das Hinterteil des Gärtners zwischen den Stauden emporragen lässt.
Und sobald er einem wieder begegnet, sagt er: »Sie müssen mich besuchen; bei mir blüht eine Rose, so etwas haben Sie noch nicht gesehen. Also Sie kommen? Aber bestimmt.«
Nun gut: Besuchen wir ihn, um zu sehen, wie das Jahr vergeht.

Die Bäume und Sträucher,
die Pflanzen sind der Schmuck
und das Gewand der Erde.

JEAN-JACQUES ROUSSEAU

Suchst du das Höchste, das Größte?
Die Pflanze kann es dich lehren.
Was sie willenlos ist, sei du es wollend –
das ist's!

FRIEDRICH SCHILLER

Der Gärtner
im Januar

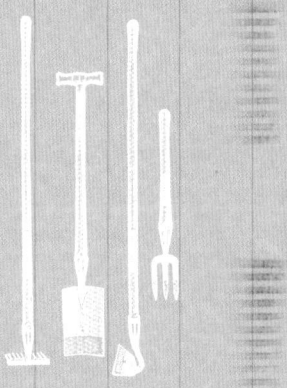

»Nicht einmal der Januar bedeutet für den Gärtner eine Zeit der Untätigkeit«, sagen die Handbücher für Gärtner. Gewiss nicht, denn im Januar pflegt der Gärtner hauptsächlich: das *Wetter*. Mit dem Wetter ist es eine eigene Sache; es ist niemals in Ordnung. Entweder schießt es über die eine oder die andere Seite hinaus. Die Temperatur stimmt nie mit der hundertjährigen Norm überein; entweder liegt sie fünf Grad unter oder fünf Grad über ihr. Niederschläge aber fallen entweder zehn Millimeter unter oder zwanzig Millimeter über dem Normalen. Ist es nicht zu trocken, so ist es sicherlich zu feucht.
Wenn schon die Leute, die es sonst gar nichts angeht, Grund genug haben, über das Wetter zu klagen, wie dann erst der Gärtner!

Schneit es zu wenig, so brummt er mit Recht, dass es durchaus nicht genüge; schneit es zuviel, äußert er ernste Befürchtungen, dass seine Nadelbäume und Rosensträucher brechen werden. Schneit es überhaupt nicht, jammert er über den verheerenden Frost ohne Schnee; tritt Tauwetter ein, verflucht er die verrückten Winde, von denen es begleitet ist und die die schändliche Gewohnheit haben, Reisig und andere Frostschutzabdeckungen im Garten herumzuwirbeln oder, zum Donnerwetter, gar ein Bäumchen zu brechen. Wagt im Januar die Sonne zu scheinen, fasst sich der Gärtner an den Kopf; die Sträucher könnten vorzeitig Saft treiben. Regnet es, fürchtet er um seine Alpenblumen; ist es trocken, denkt er mit Schmerzen an seine Rhododendren und Andromeden. Und doch wäre es gar nicht so schwer, seinen Wünschen entgegenzukommen: Er würde sich begnügen, wenn vom ersten bis letzten Januar 0,9 Grad unter Null wären, hundertsiebenundzwanzig Millimeter Schnee (leichter und womöglich frischer Schnee) liegen würde, es meist bewölkt wäre und keine oder nur mäßige Westwinde wehen würden. Dann wäre alles in Ordnung. Aber das ist es eben: Um uns Gärtner kümmert sich niemand, niemand fragt uns, wie es sein sollte. Deshalb sieht die Welt auch so aus.

Am schlimmsten ist dem Gärtner zumute, wenn die Barfröste, die Fröste ohne Schnee, einsetzen. Dann erstarrt die Erde und trocknet bis auf die Knochen aus, Tag um Tag, Nacht um Nacht, immer tiefer; der Gärtner denkt an die Wurzeln, die in der toten und steinharten Erde einfrieren, an die Zweige, die der trockene und eisige Wind bis zum Mark durchdringt, an die frierenden Knospen, in welche die Pflanze im Herbst ihre Siebensachen gepackt hat. Wenn ich wüsste, dass es hilft, zöge ich meiner Stechpalme die eigene Jacke an und dem Wacholderstrauch meine eigene Hose; für dich, Pontische Azalea, ziehe ich mein Hemd aus, dich, Granatrispe, decke ich mit dem Hute zu, und für dich, Mädchenauge, bleiben nur noch meine Socken übrig: Nimm sie zum Dank.

Es gibt verschiedene Finten, wie man das Wetter überlisten und eine Veränderung herbeiführen kann. Wenn ich mich zum Beispiel entschließe, die wärmsten Kleider, die ich habe, anzuziehen, wird es regelmäßig wärmer. Tauwetter tritt gleichfalls ein, wenn sich ein paar Freunde zum Skifahren im Gebirge verabreden; auch wenn jemand einen Zeitungsartikel schreibt, in dem er die herrschenden Fröste schildert, die gesunden, frischen Wangen, das Leben und Treiben auf den Eislaufbahnen und andere ähnliche Erscheinungen, setzt gerade in dem Augenblick Tauwetter ein, wenn der Artikel gedruckt wird. Die Leute lesen ihn, während es draußen bereits wieder lauwarm regnet und das Thermometer acht Grad über Null zeigt; kein Wunder, dass dann die Leute sagen, in den Zeitungen wären nur Lügen und Schwindeleien zu lesen – lassen Sie uns mit der Zeitung in Ruhe. Andererseits haben Verwünschungen, Jammern, Fluchen, Brrr-Sagen und andere Beschwörungsformeln keinen Einfluss auf das Wetter.

Was die Vegetation im Januar betrifft, sind die sogenannten Eisblumen an den Fensterscheiben die bekanntesten. Damit sie aufblühen, muss die Zimmerluft wenigstens etwas feuchte Atemluft enthalten. Ist die Luft vollkommen trocken, kann man nicht einmal die armseligste Eisnadel an die Scheiben zaubern, geschweige denn Eisblüten. Auch muss das Fenster nicht ganz exakt schließen; in der Richtung, in der es durchs Fenster bläst, wachsen die Eisblumen. Deshalb gedeihen sie auch eher bei armen Leuten als bei reichen, weil bei den Reichen die Fenster dichter sind. Botanisch zeichnen sich die Eisblumen dadurch aus, dass sie eigentlich keine Blumen sind, sondern Blätter. Sie ähneln den Endivien-, Petersilien- und Sellerieblättern; auch verschiedenen Distelarten aus der Familie der Cynarocephalae, Carduaceae, Dipsacaceae, Acanthaceae, Umbelliferae und anderen; man kann sie mit folgenden Arten vergleichen: Stechkraut oder Bergdistel, Sonnendistel, Kratzdistel, Brachdistel, Donnerdistel, Kugeldistel, Krampfdistel, Wetterdistel, Distelsafran, Bärenklau und noch mit einigen anderen distelartigen, gefiedert, gezähnt, gespalten, geschweift, geschnitten oder schrotsägeförmig beblätterten Pflanzen; manchmal ähneln sie Farnkräutern oder Palmenblättern, ein andermal Wacholdernadeln. Blüten haben sie jedoch keine.

Also »nicht einmal der Januar bedeutet für den Gärtner eine Zeit der Untätigkeit«, wie die Handbücher für Gärtner – sicher nur zum Trost – behaupten. Vor allem könne man angeblich den Boden bearbeiten, weil er durch die Kälteeinwirkung bröcklig sei. Da stürzt dann der Gärtner gleich zu Neujahr in den Garten hinaus, um den Boden zu bearbeiten. Er macht sich mit dem Spaten ans Werk; nach einiger Anstrengung gelingt es ihm, den Spaten an dem steinharten Boden zu zerbrechen. Nun versucht er es mit der Hacke; hat er Ausdauer, bricht er ihren Stiel entzwei. Also greift er zur Spitzhacke, mit der es ihm wenigstens gelingt, eine Tulpenzwiebel zu zerkleinern, die er im Herbst eingesetzt hat. Als einziges Mittel bleibt: die Erde mit Stemmeisen und Hammer zu bearbeiten. Freilich ist das ein sehr langwieriges Verfahren, das einen bald verdrießt. Vielleicht ließe sich der Boden mit Dynamit auflockern, das aber der Gärtner für gewöhnlich nicht besitzt. Gut, dann überlassen wir den Boden eben dem Tauwetter.
Und siehe da, plötzlich ist das Tauwetter gekommen, wieder stürzt der Gärtner in den Garten hinaus, um den Boden zu bearbeiten. Nach einer Weile trägt er die Erde, soweit sie an der Oberfläche aufgetaut ist, an seinen Stiefeln nach Hause; nichtsdestoweniger macht er ein glückstrahlendes Gesicht und behauptet, die Erde öffne sich bereits.

Inzwischen bleibt nichts anderes übrig, als »verschiedene vorbereitende Arbeiten für die beginnende Saison zu erledigen«. Hat man im Keller ein trockenes Plätzchen, bereite man die Erde für die Blumentöpfe vor. »Man vermenge Lauberde, Mischdünger, faulen Kuhmist ordentlich mit ein wenig Sand.« Ausgezeichnet! Nur sind im Keller gerade Wein und Kartoffeln eingelagert; die Restfamilie macht sich überall breit mit ihren abgestellten Gerätschaften. Im Schlafzimmer wäre Platz genug für einen hübschen Haufen Humus …

»Nutze die Winterszeit für Ausbesserungen an der Pergola, an der Laube oder dem Gartenhäuschen.« Sehr richtig! Nur habe ich zufällig weder eine Pergola noch eine Laube noch ein Gartenhäuschen.

»Auch im Januar kann man Rasen anlegen.« – Wenn nur Platz dafür wäre; vielleicht im Flur oder auf dem Dachboden.

»Achte besonders auf die Temperatur im Gewächshaus.« Ich würde ganz gern darauf achten, aber ich habe kein Gewächshaus.

Diese Handbücher für Gärtner helfen einem nicht viel.

Also warten, warten! Himmelherrgott, dauert dieser Januar lang! Wenn es nur schon Februar wäre!

»Kann man im Februar im Garten schon etwas arbeiten?«

»Gewiss, vielleicht auch erst im März.«

Und indessen sind im Garten, ohne dass man es geahnt oder sich darum bemüht hätte, die Krokusse und Schneeglöckchen aufgeblüht.

Mein Garten im Januar

Auch der Januar ist für den Gärtner kein Monat der Untätigkeit,
es gibt im Winterquartier und im Garten manches zu tun:

Die Pflanzen im Winterquartier sauber halten
und alle zwei Wochen mit Feingefühl gießen.

Ist zu wenig oder kein Schnee gefallen und drohen
Kälteeinbrüche mit Temperaturen unter 10 Grad Celsius müssen
empfindliche Pflanzen mit Reisig, Jutesäcken, Schilf- oder
Bastmatten geschützt werden.

Vorbeugender Baumanstrich gegen Frostrisse verhindert
das Eindringen von Pilzen und Krankheiten.
Wenn sich keine Temperaturen unter 5 Grad Celsius ankündigen,
können Bäume gefällt, Sträucher und Bäume
geschnitten werden.

Gehölze behutsam mit Besen oder Handfeger
von der Schneelast befreien.

Merkliste und Notizen

Samen

Manche sagen, man solle Holzkohle dazugeben, andere bestrei-
ten es. Einige empfehlen etwas
gelben Sand, weil er angeblich
Eisen enthalte, andere warnen
davor, aus dem einfachen Grund,
weil er eisenhaltig sei. Manche
empfehlen wiederum reinen
Flusssand, andere ungemischte
Torferde, wieder andere Holzsä-
gespäne. Kurzum, das Vorbereiten der Erde für die Samen ist ein
großes Geheimnis und ein wahrer
Hexenzauber. Soll man Marmorpulver dazugeben (aber woher
nehmen?), dreijährigen Kuhmist
(hier ist nicht klar, ob damit der
Mist von dreijährigen Kühen oder
ein drei Jahre altes Misthäuflein
gemeint ist), eine Prise von einem
frischen Maulwurfshügel, zu Staub
zerstoßener Lehm alter, unge-
brannter Ziegel, Elbesand (aber
keinesfalls Moldausand), drei Jahre
alte Treibhauserde und vielleicht
noch Humus von Goldfarnen
und eine Handvoll Erde aus dem
Grabe einer erhängten Jungfrau –
all das muss ordentlich gemischt
werden (die Gärtnerlehrbücher

sagen nicht, ob bei Neumond oder
Vollmond oder in der Nacht der
Apostel Philippus und Jakobus
[3. Mai]); wenn man dann diese
geheimnisvolle Erde in Blumentöpfe füllt, (die gut vom Wasser
durchfeuchtet sind, das drei Jahre
lang in der Sonne stand und auf
deren Boden man vorher ausge-
kochte Scherben und ein Stück
Holzkohle gelegt hatte, wogegen
sich allerdings wieder andere
Autoritäten aussprechen), wenn
man also das alles getan und dabei
hunderterlei grundlegend verschiedene Vorschriften berücksichtigt
hat, wodurch die Zeremonie sehr
erschwert wird, kommt man zum
Kern der Sache, nämlich zum
Aussäen der Samen.
Was die Samen betrifft, so ähneln
einige dem Schnupftabak, andere
hellen und bleichen Nissen, wieder
andere glänzenden, schwarzbrau-
nen Flöhen ohne Beinchen; manche sind flach wie Münzen, andere
rundlich voll, wieder andere sind
dünn wie Nadeln; manche haben
Flügel, Dornen oder Flaum oder
sind nackt oder haarig, groß wie

Schaben oder klein wie Sonnenstäubchen. Ich kann beschwören, dass jede Art anders und jede merkwürdig ist; das Leben ist kompliziert. Aus diesem großen, struppigen Ungeheuer soll eine niedere, trockene Distel hervorsprießen, während aus dieser gelben Nisse angeblich eine fette, riesige Cotyledon entsteht. Was soll ich tun? Ich glaube es einfach nicht.

Gut, habt ihr schon gesät? Habt ihr die Blumentöpfe in lauwarmes Wasser gestellt und mit einer Glasscheibe zugedeckt? Habt ihr die Fenster geschlossen und gegen die Sonne verhängt, damit im Zimmer eine Treibhaushitze von 40 Grad Celsius herrsche? Dann ist es gut, denn nun beginnt die große und emsige Tätigkeit jedes Aussäenden, nämlich das Warten. Schweißtriefend, ohne Mantel und Weste, neigt sich der Wartende atemlos über seine Blumentöpfe und lockt mit den Augen die Keimlinge heraus, die treiben sollen. Am ersten Tag regt sich nichts; und der Wartende wälzt sich in

der Nacht im Bett herum und kann den Morgen kaum erwarten. Am zweiten Tag erscheint auf der geheimnisvollen Erde eine Schimmelflocke. Der Wartende freut sich über das erste Lebenszeichen. Am dritten Tag kriecht etwas auf einem langen, weißen Beinchen heraus und wächst wie närrisch. Der Wartende jauchzt laut auf, dass es schon da ist, und hütet den ersten Setzling wie seinen Augapfel.

Wenn am vierten Tag dieser Keimling bereits zu einer unmöglichen Höhe emporgeschossen ist, erfasst den Wartenden die Unruhe, es könnte irgendein Unkraut sein. Bald zeigt es sich, dass diese Befürchtung nicht grundlos war. Immer entpuppt sich das erste Lange und Dünne, das im Blumentopf hochwächst, als Unkraut. Anscheinend handelt es sich hier um ein Naturgesetz.

Nun, etwa am achten Tag oder noch später, öffnet sich plötzlich in einem geheimnisvollen und unbewachten Augenblick (denn nie hat es jemand gesehen, noch sie dabei ertappt) ganz leise die Erde und der erste Keimling kommt zum Vorschein. Ich dachte immer, die Pflanze wachse entweder wie eine Wurzel aus dem Samen nach unten oder wie das Kartoffelkraut aus der Knolle nach oben. Ich kann euch sagen, dass es nicht so ist. Fast jede Pflanze wächst unter dem Samen hervor, wobei sie ihren Samen wie eine Mütze auf dem Kopf trägt. Stellt euch nur vor, ein Kind würde wachsen und dabei seine Mutter auf dem Kopf tragen. Es ist einfach ein Naturwunder; und diese athletische Leistung vollbringt fast jeder Keimling. Er hebt den Samen mit immer kühnerem Emporrecken,

bis er ihn eines Tages loslässt oder abwirft. Und nun steht er da, nackt und gebrechlich, rundlich, stämmig oder hager, und hat oben zwei so komische Blättchen und zwischen diesen beiden Blättchen zeigt sich dann etwas.

Was es ist, das verrate ich euch noch nicht; so weit bin ich noch nicht. Es sind nur zwei winzige Blätter auf einem blassen Beinchen, aber es ist so seltsam, es gibt so viele Variationen, bei jeder Pflanze ist es anders. –

Was wollte ich noch sagen? Ich weiß schon, nichts; oder eigentlich nur: Das Leben ist viel komplizierter, als man es sich vorzustellen vermag.

Ein Gärtner ist jemand, der meint,
wenn er etwas in die Erde hineinsteckt,
müsse er auch wieder etwas herausbekommen.

ANONYM

So wenig der Gärtner sich durch andere Liebhabereien
und Neigungen zerstreuen darf, so wenig
darf der ruhige Gang unterbrochen werden,
den die Pflanze zur dauernden oder zur
vorübergehenden Vollendung nimmt.

JOHANN WOLFGANG VON GOETHE

Ein Garten ist ein Gegenstand
der Kunst allein.

HERMANN FÜRST VON PÜCKLER-MUSKAU

Der Gärtner
im Februar

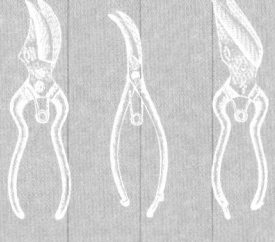

Im Februar setzt der Gärtner die Januararbeiten fort, indem er hauptsächlich *das Wetter* pflegt. Ihr müsst nämlich wissen, dass der Februar ein gefährlicher Monat ist, der den Gärtner mit trockenen Frösten, Sonne, Nässe und Wind bedroht. Dieser kürzeste Monat, diese Fehlgeburt unter den Monaten, dieser frühgeborene und überhaupt unsolide Schaltmonat übertrifft alle andern durch seine tückischen Launen. Nehmt euch in Acht! Am Tage lockt er die Knospen der Sträucher heraus, in der Nacht verbrennt er sie; mit der einen Hand streichelt er uns, mit der anderen Hand weist er uns empört zurück. Der Teufel weiß, warum in Schaltjahren gerade diesem wankelmütigen, katarrhalen und heimtückischen Monatszwerg ein Tag zugegeben wird. In einem Schaltjahr sollte der schöne Monat Mai einen Tag zubekommen, damit es zweiunddreißig wären, und damit basta. Wie kommen denn wir Gärtner dazu?

Eine weitere Saisonarbeit im Februar ist *die Jagd nach den ersten Anzeichen des Frühlings.* Der Gärtner hält nichts vom ersten Käfer oder Schmetterling, der gewöhnlich in den Zeitungen den Frühling ankündigt; denn erstens liegt ihm überhaupt nichts an Käfern, und zweitens ist so ein erster Schmetterling gewöhnlich der letzte vom Vorjahr, der zu sterben vergessen hat. Den ersten untrüglichen Anzeichen des Frühlings, denen der Gärtner nachforscht, sind diese:

1. *Krokusse,* die im Grase mit vollen, dicklichen Spitzen hervorsprießen; eines Tages platzt die Spitze (noch nie war jemand dabei) und bildet ein Büschel herrlich farbiger Blätter; das ist der erste Vorbote des Frühlings.

2. *Die Preislisten für Gärtner,* die einem der Briefträger zustellt, obwohl sie der Gärtner auswendig kennt. (So wie die Ilias mit den Worten »Ménin aeide thea« beginnt, so beginnen diese Kataloge mit den Worten: Acaena,

Acantholimon, Acanthus, Achillea, Aconitum, Adenophora, Adonis und so weiter, was jeder Gärtner auch im Schlafe aufsagen kann), er liest sie dennoch sorgfältig von der Acaena bis zur Wahlenbergia oder Yucca durch und ringt mit sich im schweren Kampf, was er noch bestellen sollte.

3. *Schneeglöckchen* sind weitere Frühlingsboten. Zuerst sind es nur blassgrüne aus der Erde hervorlugende Spitzen; die teilen sich dann in zwei dicke Blätter und das Ding ist fertig. Manchmal blühen sie schon Anfang Februar, und ich sage euch, keine Siegespalme, kein Baum der Erkenntnis, kein Ruhmeslorbeer ist schöner als dieser weiße, zarte Kelch am blassen Stengel, der im frostigen Wind sich wiegt.

4. *Die Nachbarn* sind gleichfalls ein untrügliches Anzeichen des Frühlings. Sobald sie mit Spaten und Hacken, Scheren und Bastfäden, Schutzlasuren für Bäume und allen möglichen Pulvern für den Boden in den Garten hinausstürmen, erkennt der erfahrene Gärtner, dass der Frühling naht. Also zieht er eine alte Hose an und geht mit Spaten und Hacke in seinen Garten, damit auch die Nachbarn erkennen, dass der Frühling kommt, und sich einander diese freudige Nachricht über den Zaun zurufen.

Der Boden öffnet sich, aber noch gibt er kein grünes Blatt heraus; noch ist nichts zu sehen als eine kahle wartende Erde. Es bleibt noch Zeit für das Düngen und Umgraben, Auflockern und Mischen. Da erkennt dann der Gärtner, dass der Boden zu schwer, zu zäh, zu sandig, zu sauer oder zu trocken ist; kurz gesagt: die Leidenschaft, ihn irgendwie zu verbessern, bricht bei ihm durch. Man kann den Boden – glaubt mir – durch tausenderlei Mittel verbessern; leider aber hat sie der Gärtner gewöhnlich nicht bei der Hand. In der Stadt ist es schwer, gerade Taubenmist zu Hause zu haben, oder Buchenlaub, verwesten Kuhmist, alten Mauerputz, alten Torf, abgelagerte Rasenstücke, verwitterte Maulwurfserde, Waldhumus, Flusssand, Moorschlamm, Teichschlamm, Heideerde, Holzkohle, Holzasche, zermahlene Knochen, Hornspäne, alte Jauche, Pferdemist, Kalk, morsches Holz von Baumstümpfen und andere nährende, auflockernde und segensreiche Stoffe, nicht eingerechnet einige Dutzend stickstoff-, magnesium-, phosphorhaltiger und verschiedener anderer Düngemittel.

Es gibt Augenblicke, in denen sich der Gärtner wünscht, alle diese edlen Erdarten, Zusatzstoffe und Düngemittel zu verwenden, zu mengen und zu mischen; leider wäre dann im Garten kein Platz mehr für die Blumen. So verbessert er eben den Boden, so gut er kann, sammelt zu Hause die Eierschalen, verbrennt die Knochen vom Mittagessen, hebt seine abgeschnittenen Finger- und Fußnägel auf, kehrt Ruß aus dem Kamin, kratzt den Sand aus dem Abfalleimer, spießt auf dem Weg einen herrlichen Pferdeapfel mit einem Stock auf und gräbt alles sorgfältig in seine Gartenerde ein; denn das sind lauter auflockernde, warme und düngende Substanzen. Alles, was es gibt, ist entweder für den Boden zu gebrauchen oder auch nicht. Nur feige Scham hindert den Gärtner daran, auf der Straße das einzusammeln, was die Pferde verloren haben; aber sooft er auf den Pflastersteinen ein hübsches Häuflein Mist erblickt, seufzt er wenigstens tief auf, über die Verschwendung dieser Gottesgabe.
Wenn man sich so einen Misthaufen auf einem Bauernhof vorstellt …
Ich weiß, es gibt verschiedene Kunstdünger-Pulver in Blechbüchsen; man kann alles kaufen, was einem einfällt, alle Arten von Salzen, Extrakten, Schlacken und Pülverchen. Man kann den Boden mit Bakterien impfen, man kann ihn, wie der Herr Assistent an der Universität oder in der Apotheke im weißen Mantel bearbeiten. Das alles kannst du tun, du städtischer Gärtner, aber – wenn du dir so einen fetten, braunen und dampfenden Misthaufen auf dem Bauernhof vorstellst …

Doch, damit ihr es wisst, die Schneeglöckchen blühen schon; auch die Zaubernuss mit ihren gelben Sternchen, und die Nieswurz trägt dicke Knospen. Und wenn ihr genauer hinseht (dabei müsst ihr den Atem anhalten), findet ihr fast überall Knospen und Triebe; durch tausenderlei dünne Äderchen pulst das Leben aus der Erde hervor. Wir Gärtner stecken nicht zurück; schon eilen wir dem neuen Blühen entgegen.

Es ist so beruhigend und gut,
in der Erde zu arbeiten,
Bäume zu beschneiden, zu graben,
das Gras zu mähen.

SYLVIA PLATH

Die Beschäftigung mit Erde und Pflanzen
kann der Seele eine ähnliche Entlastung
und Ruhe geben wie die Meditation.

HERMANN HESSE

Eines meiner Hobbys ist es,
auf unserem Gut Highgrove umherzugehen
und zu den Bäumen zu sprechen.

PRINZ CHARLES

Mein Garten im Februar

Der Frühling ist bereits zu ahnen. Darum sind folgende Arbeiten nötig:

Die Gartengeräte prüfen und pflegen, schärfen, ölen,
reparieren, ersetzen, ergänzen.

An frostfreien Tagen die Obstgehölze beschneiden,
das Beerenobst auslichten und in Form schneiden.

An frostfreien Tagen die Obstgehölze beschneiden,
das Beerenobst auslichten und in Form schneiden.

Wenn es keinen Frost gibt, gelegentlich die immergrünen
Gehölze wässern.

Bei guter Witterung Staudenbeete abräumen,
säubern und bereits Kompost bei Stauden, Ziergehölzen
und auf den Gemüsebeeten ausbringen.

Ist der Rasen schneefrei, unbedingt säubern und altes Laub entfernen.

Rosen aufdecken und schneiden.

Merkliste und Notizen

Von der Kunst des Gärtners

Als ich noch ein fernstehender und zerstreuter Zuschauer schöner Gärten war, hielt ich die Gärtner für Geschöpfe von besonders poetischem und feinem Geist, die den Blumenduft züchten und dem Vogelgesang lauschen. Jetzt, wo ich mir die Sache aus der Nähe ansehe, finde ich, dass der richtige Gärtner nicht ein Mensch ist, der Blumen züchtet, sondern der den Boden pflegt. Er ist ein Mensch, der in der Erde herumwühlt und den Anblick all dessen, was über ihr ist, uns gaffenden Nichtsnutzen überlässt. Er lebt wie in die Erde versunken. Er baut sich sein Denkmal als Komposthaufen. Käme er in den Garten Eden, würde er berauscht herumschnuppern und sagen: »Mein Lieber, ist das ein Humus!« Ich glaube, er vergäße, vom Obste des Baumes der guten oder schlechten Erkenntnis zu essen; viel eher würde er nachdenken, wie er dem Herrn einen Schubkarren dieser paradiesischen Erde entführen könnte. Oder er würde bemerken, dass rund um den Baum der Erkenntnis eine ordentliche, schüsselförmige Mulde aufgelockerter Erde fehle; gleich begänne er dort zu graben, ohne zu wissen, was da über seinem Kopfe hängt. »Adam, wo bist du?«, würde der Herr rufen. »Gleich«, würde der Gärtner über die Schulter hinweg antworten, »ich habe jetzt keine Zeit.« Und er würde weiter an seiner Baumscheibe arbeiten.

Wäre die Spezies Gärtner von Anbeginn der Welt durch natürliche Auslese entstanden, hätte er sich wahrscheinlich zu einem wirbellosen Geschöpf entwickelt. Wozu hat der Gärtner überhaupt einen Rücken? Wie es scheint nur dazu, um sich von Zeit zu Zeit aufzurichten und zu seufzen: »Ach, mein Rücken schmerzt!« Was die Beine anbelangt, so lassen sie sich auf verschiedene Weise zusammenlegen: Man kann hocken, knien oder sie auf irgendeine Weise unter sich zusammenzwängen; die Finger sind gute Pflöckchen, um kleine Löcher zu graben; die Fäuste zerbröckeln die Klumpen oder lockern den Boden auf, während der Kopf zum Tragen des Gartenhutes oder zum Einhängen der Pfeife dient. Nur das Rückgrat gibt nicht nach, so sehr sich der Gärtner auch bemüht, es ordentlich zu biegen. Der Regenwurm im Garten hat auch kein Rückgrat. Nach oben hin ist der Gärtner gewöhnlich durch das Hinterteil begrenzt; Beine und Hände hält er gespreizt und den Kopf, ähnlich einer weidenden Stute, irgendwo zwischen den Knien. Er gehört nicht zu jenen, die »nur um einen einzigen Zentimeter größer sein möchten«, im Gegenteil: Er halbiert seine Gestalt, hockt sich nieder und macht sich auf alle mögliche Art und Weise kleiner. So, wie ihr ihn zu sehen bekommt, ist er selten größer als ein Meter.

Die Bearbeitung des Bodens hängt einerseits von den verschiedenen Arten des Umgrabens, Umhackens, Umwendens, Eingrabens, Auflockerns, Einebnens, Glattmachens und Harkens ab, andererseits von den mancherlei Zusätzen. Kein Pudding wird komplizierter zubereitet als die Gartenerde. Soweit ich es verfolgen konnte, mengt man Dünger, Mist, Guano, Laubstreu, Rasenerde, Ackererde, Sand, Stroh, Kalk, Kainit, Thomasmehl, Milchpulver, Salpeter, Hornspäne, Phosphate, Abfälle, Kuhfladen, Asche, Torf, Kompost, Wasser, Bier, den Inhalt ausgeklopfter Pfeifen, abgebrannte Zündhölzer, tote Katzen und noch viele andere Substanzen darunter. Dies alles wird ständig gemischt, eingegraben und zugeharkt. Wie gesagt, der Gärtner ist nicht der Mensch, der an der Rose riecht, sondern der vielmehr von der Vorstellung verfolgt wird, »dass der Boden noch ein wenig Kalk benötige«, oder dass er schwer sei (wie Blei, sagt der Gärtner) und »mehr Sand brauche«. Die Gärtnerei wird zu einer Art Wissenschaft. Heutzutage dürfte kein Mädchen singen: »Unter meinem Fenster, da blüht ein Rosenstrauch.« Sie sollte lieber singen, dass man unter ihrem Fenster mehr Salpeter und

Buchenasche, sorgfältig gemischt mit feinem Häcksel, streuen möge. Die Rosenblüte ist sozusagen nur für Dilettanten da; die Freude des Gärtners wurzelt tiefer, im Schoße der Erde. Nach dem Tode wird der Gärtner nicht etwa zu einem vom Blumenduft berauschten Schmetterling, nein, er wird ein Regenwurm, der von allen dunklen, stickstoffhaltigen und würzigen Genüssen der Erde kostet. Jetzt im Frühling lockt es die Gärtner unwiderstehlich in den Garten; kaum haben sie das Essbesteck aus der Hand gelegt, sind sie auch schon bei ihren Beeten, und recken das Hinterteil zum wunderschönen Himmel empor. Hier zerreiben sie zwischen den Fingern einen warmen Klumpen, dort drücken sie ein verwittertes, kostbares Stückchen vom Mist des Vorjahrs tiefer zu den Wurzeln, da reißen sie Unkraut heraus, hier heben sie ein Steinchen auf. Jetzt lockern sie die Erde um die Erdbeeren herum auf, und nach einer Weile beugen sie sich, die Nase am Boden, vor einigen Salatsetzlingen und kitzeln verliebt die zarten Würzelchen. In dieser gebückten Haltung genießen sie den Frühling, während über ihren Rücken die Sonne ihren himmlischen Lauf vollführt, die Wolken ziehen und die Vögel sich paaren. Schon öffnen sich die Knospen der Kirschen, die jungen Blätter entfalten ihre liebliche Zartheit, und die Amseln lärmen wie verrückt – da richtet sich der echte Gärtner auf, macht das Kreuz hohl und seufzt schwermütig: »Im Herbst werde ich ordentlich düngen und ein bißchen Sand dazugeben.« Aber einen Augenblick gibt es, in dem sich der Gärtner aufrichtet und sich seiner vollen Größe zeigt: Das ist das Stündchen am Nachmittag, in dem er seinem Garten das Sakrament des Begießens erteilt. Dann steht er da, aufrecht und gleichsam erhaben. Er leitet den Wasserstrahl aus dem Maule der Düse; das erfrischende Nass rauscht im silbrigen, tönenden Strahl, der aufgelockerten Erde entströmt der duftende Atem der Feuchtigkeit, jedes Blättchen

funkelt üppig grün und glänzt in
appetitlicher Freude, dass man es
am liebsten aufessen möchte.
»Also jetzt hat er genug«, flüstert
der Gärtner selig verzückt.
Damit meint er nicht den mit
Knospen übersäten Kirschbaum
noch den purpurfarbenen Johan-
nisbeerstrauch, sondern er meint
die braune Gartenerde.
Und wenn dann die Sonne langsam versinkt, sagt der Gärtner auf
dem Gipfelpunkt der Zufrieden-
heit: »Aber heute habe ich mich
was geplagt!«

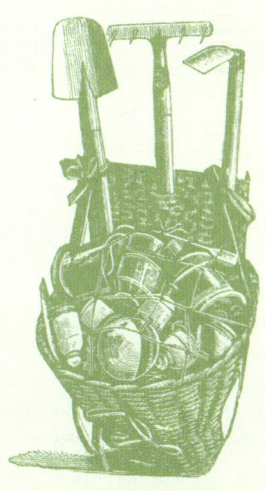

Der Gärtner
im März

Sollen wir wahrheitsgemäß und den uralten Erfahrungen entsprechend den März des Gärtners schildern, so müssen wir vor allem zwei Dinge sorgfältig unterscheiden: A) was der Gärtner tun soll und will; und B) was er tatsächlich tut, weil er nicht mehr tun kann.

A) Dass er für seinen Garten grundsätzlich nur das Beste tun will, das versteht sich von selbst: Er will das Reisig wegnehmen und die Blumen abdecken, er will umgraben, düngen, hacken, umstechen, auflockern, harken, einebnen, begießen, vermehren, Stecklinge vorbereiten, beschneiden, einpflanzen, umsetzen, anbinden, besprengen, jäten, ergänzen, aussäen, reinigen, stutzen, die Spatzen und Amseln verscheuchen, an der Erde riechen, mit dem Finger Triebe ausbuddeln, über die blühenden Schneeglöckchen jubeln, den Schweiß von der Stirn wischen, das Kreuz strecken, wie ein Wolf essen und wie ein Loch trinken, mit den Spatzen zu Bette gehen und mit den Lerchen aufstehen, die Sonne und den Morgentau preisen, die prallen Knospen befühlen, an der Hand die ersten Frühlingsschwielen und Wasserblasen züchten und überhaupt ungezwungen, frühlingsmäßig und schwelgerisch nach Gärtnerart leben.

B) Stattdessen flucht er, dass der Boden immer noch oder schon wieder zugefroren ist, wütet zu Hause wie ein Löwe im Käfig, wenn der Garten verschneit ist, sitzt mit einem Schnupfen hinterm Ofen, muss zum Zahnarzt gehen, hat bei Gericht zu tun, erwartet den Besuch einer Tante, eines Uronkels oder des Teufels Großmutter und verliert überhaupt einen Tag nach dem andern, von allen möglichen Übeln, Schicksalsschlägen, Hemmnissen und Unannehmlichkeiten verfolgt, die wie verabredet alle im Monat März zusammentreffen. Ihr müsst nämlich wissen, dass der »März der wichtigste und arbeitsreichste Monat für den Garten ist, der auf die Ankunft des Frühlings vorbereitet werden muss.«

Ja, erst als Gärtner schätzt man jene abgedroschenen Redensarten, wie »unerbittliche Kälte«, »hartnäckiger Nordwind«, »strenger Winter« und andere ähnliche poetische Formeln; der Gärtner selber gebraucht noch viel anschaulichere Ausdrücke, wenn er sagt, dass der Winter in diesem Jahr ein verdammtes, verfluchtes, elendes, verwünschtes und verteufeltes Biest sei. Im Unterschied zu den Poeten schimpft er nicht nur auf den Nordwind, sondern auch auf die bösartigen Ostwinde; er verwünscht weniger das nasskalte Schneegestöber als den leisetreterischen, heimtückischen Frost ohne Schnee. Dem Gärtner gefallen bildliche Aussprüche wie »der Winter wehrt sich gegen die Angriffe des Frühlings«, und fühlt sich überaus gedemütigt, dass er in diesem Kampf nicht mithelfen kann, den tyrannischen Winter zu bezwingen. Könnte er ihn mit der Hacke oder dem Spaten, mit dem Gewehr oder einem Spieß angreifen, würde er sich bewaffnen und, einen Siegesschrei ausstoßend, in den Kampf ziehen. Doch leider kann er nichts andres tun, als jeden Abend beim Wetterbericht auf die Kriegsberichterstattung des meteorologischen Instituts zu warten und heftig die Hochdruckgebiete über Skandinavien und die Tiefdruckregionen über Island zu verwünschen. Wir Gärtner wissen nämlich, woher der Wind weht.

Für uns Gärtner haben auch die Bauernregeln ultimative Geltung. Wir glauben noch, dass »der heilige Matthias (24.2.) das Eis bricht«, denn »Sankt Mattheis bricht's Eis«, und tut er es nicht, erwarten wir es vom heiligen Joseph (19.3.), dem himmlischen Werkmeister, denn »Ist es an Josephus klar, wird es ein gesegnet Jahr«. Wir wissen, der »Märzschnee tut den Früchten weh«; wir glauben an die drei Eisheiligen (12., 13., 14. März), an die Tagnundnachtgleiche im Frühling (um den 21. März), an die Sprüche: »Gibt's an Lichtmess (2. Februar) Sonnenschein, wird's ein spätes Frühjahr sein«, »Macht Medardus nass, regnet's ohne Unterlass« (8. Juni) und andere ähnliche Vorhersagen, aus denen klar hervorgeht, dass die Menschen seit jeher mit dem Wetter schlechte Erfahrungen gemacht haben. Es wäre nicht verwunderlich, wenn eine Bauernregel lauten würde: »Am 1. Mai – oh Ach – taut der Schnee vom Dach.« Kurz und gut, die Bauernregeln verkünden uns meist wenig Erfreuliches. Vergesst darum nicht, dass der Gärtner, der trotz dieser schlechten Erfahrungen mit dem Wetter Jahr für Jahr den Frühling begrüßt und einweiht, Zeugnis von dem unverwüstlichen und wunderbaren Optimismus des Menschengeschlechtes gibt.

Der Mensch, der zum Gärtner wurde, sucht mit Vorliebe die alten Augenzeugen auf. Meistens sind das ältere und etwas zerstreute Leute, die in jedem Frühjahr erklären, sich an einen solchen Frühling nicht erinnern zu können. Ist es kühl, sagen sie, einen solchen kühlen Frühling hätten sie noch nie erlebt: »Ich erinnere mich, einmal, es ist schon an die sechzig Jahre her, da war es so warm, dass zu Lichtmess die Veilchen blühten«. Ist es dagegen etwas wärmer, behaupten die Augenzeugen, sich an ein solch mildes Frühjahr nicht erinnern zu können: »Einmal, es ist schon an die sechzig Jahre her, konnten wir zu Joseph (19. März) noch rodeln.« Kurzum, auch aus den Aussagen dieser alten Augenzeugen geht hervor, dass, was das Wetter anbelangt, in unserem Klima einfach die pure Willkür herrscht, wogegen man rein gar nichts tun kann.

Ja, da kann man nichts machen. Wir haben Mitte März und im vereisten Garten liegt noch Schnee. Möge Gott den Blumen der Gärtner gnädig sein!

Das Geheimnis, woran sich Gärtner gegenseitig erkennen – sei es nun am Geruch, an irgendeinem Losungswort oder einem geheimen Zeichen – verrate ich nicht. Tatsache bleibt aber, dass sie einander gleich zu erkennen pflegen, sei es nun bei einer Begegnung in den Gängen des Theaters, beim Tee oder im Wartezimmer eines Arztes. Mit dem ersten Satz, den sie sprechen, tauschen sie ihre Ansichten über das Wetter aus (»Nein, mein Herr, an so einen Frühling kann ich mich überhaupt nicht erinnern«), worauf sie zur Frage der Feuchtigkeit übergehen, zu den Dahlien, den Kunstdüngemitteln, zu einer holländischen Lilie (»Verflixt, wie heißt sie denn nur? Na, auch egal, ich gebe Ihnen eine von den Zwiebeln«); sie sprechen über die Erdbeeren, die amerikanischen Preislisten, die Schäden, die der diesjährige Winter verursacht hat, über Schildläuse, über Astern und ähnliche Themen. Es scheint nur so, als ob man zwei Männer in feiner Garderobe im Foyer eines Theaters vor sich habe; in Wirklichkeit sind es zwei Gärtner mit Spaten oder Gießkanne in der Hand.

Wenn eine Uhr stehen bleibt, zerlegt man sie und bringt sie anschließend zum Uhrmacher; wenn jemand mit seinem Auto liegen bleibt, hebt er die Motorhaube hoch, fingert herum und ruft dann einen Mechaniker. In allem, was es auf der Welt gibt, weiß man sich Rat, alles kann man richten und verbessern – nur gegen das Wetter lässt sich nichts machen. Da hilft kein Eifer und kein Größenwahn, kein Verlangen nach Reformen, keine Besserwisserei und kein Lästern. Die Knospe springt auf, der Keimling sprießt, wenn sich ihre Zeit und ihr Gesetz erfüllen. Darin wirst du dir demütig der Ohnmacht des Menschen bewusst und begreifst, dass die Geduld die Mutter aller Weisheit ist.
Es lässt sich nichts anderes tun.

Mein Garten im März

*Im Märzen der Bauer die Rösslein einspannt ... und der Gärtner
krempelt die Ärmel hoch.*

❦

Die Flächen für die Sommerblumen auflockern,
Sand, Kompost einbringen.
Primeln und andere Frühjahrsblumen einpflanzen.

❦

Das Winterquartier der Pflanzen gut lüften.
Exotische Pflanzen in hellere und wärmere Räume bringen.
Eventuell Kübelpflanzen umtopfen.

❦

Zierpflanzen und Stauden säubern.
Wassertriebe (Geiltriebe, Fahltriebe) abschneiden.
Letzte Schneidearbeiten an Obst- und Beerengehölzen;
auch die beste Zeit, um sie einzupflanzen.

❦

Möhren aussäen.

❦

Aus dem Rasen Moos herausrechen. Der Rasen bekommt
seine Gründüngung. Bei guter Witterung neuen Rasen aussäen.

❦

Immergrüne Hecken vor dem Austrieb schneiden.

Merkliste und Notizen

-
-
-
-
-
-
-
-
-
-
-
-
-
-
-
-

Knospen

Heute, am 30. März, um 10 Uhr vormittags, öffnete sich hinter meinem Rücken die erste Blüte der Forsythie. Drei Tage lang bewachte ich ihre größte Knospe, die einer kleinen goldenen Hülse ähnelt, um diesen historischen Augenblick nur ja nicht zu versäumen; er trat ein, während ich zum Himmel hinaufsah, ob es regnen werde. Morgen schon werden die Zweige der Forsythien mit goldenen Sternen übersät sein. Das Blühen lässt sich nun nicht mehr aufhalten. Am meisten beeilten sich natürlich die Fliedersträucher; ehe man sich besinnt, haben sie eine Unzahl zarter Blättchen angesetzt. Bei einem Flieder kannst du gar nicht genug aufpassen. Aber die übrigen Sträucher warten noch auf das gewisse Kommando »Jetzt«, das aus der Erde oder vom Himmel gegeben wird; im selben Augenblick öffnen sich alle Knospen – und der Frühling ist da.

Dieses Sprießen und Treiben gehört zu den Erscheinungen, die wir Menschen »ein Voranschreiten der Natur« nennen; nur, dass dieses Voranschreiten ein wirklicher Marsch ist. Wäre ich jedoch ein Musiker, würde ich »einen Marsch der Knospen« komponieren: Zuerst liefen mit leichtem Schritt die Fliederbataillone, dann käme der Marschtakt der Johannisbeersträucher dran, der schwere Aufmarsch der Birnen- und Apfelknospen schlösse sich an, während das junge Gras auf allen Saiten, die man auftreiben könnte, klimperte und wisperte. Und zu dieser Orchesterbegleitung würden die Regimenter der prächtigen Knospen vorüber ziehen, unaufhaltsam, pausenlos. Eins, zwei, eins, zwei: Herrgott, das wäre ein Marsch! Man sagt, dass im Frühling die Natur zu grünen beginne. So ganz stimmt das nicht, denn durch die bräunlichen und rosa Knospen beginnt sie auch sich zu röten. Es gibt purpurrote und zart rötliche Knospen, andere sind bräunlich und klebrig wie Harz, wieder andere sind weiß wie das Fell am Bauch einer Häsin; aber es gibt auch violette und lilafarbene

Knospen, welche die hell sind oder dunkel wie altes Leder. Aus manchen ragen Zipfelspitzen, andere ähneln Fingern oder Zungen, andere sehen wie Warzen aus. Manche quellen fleischig auf, sind mit Flaum bewachsen und rundlich wie junge Hunde, andere sind zu einer festen und schmalen Spitze ausgezogen, wieder andere öffnen sich zu bauschigen und zarten Büscheln. Ich sage euch, Knospen sind genauso merkwürdig und mannigfaltig wie Blätter oder Blüten. Nie wird man fertig mit dem Entdecken neuer Unterschiede. Aber ihr müsst euch ein Fleckchen Erde aussuchen, um sie zu finden. Ihr müsst innehalten und achtsam sein, dann seht ihr geöffnete Lippen und heimliche Blicke, feingliedrige Finger und gezückte Waffen, die Zartheit eines Neugeborenen und die trotzige Spannung des Lebenswillens – und dann hört ihr leise den unendlichen Marsch der Knospen dröhnen. So! Während ich dies schrieb, ertönte anscheinend jenes geheimnisvolle »Jetzt«.

Die Knospen, am Morgen noch fest eingehüllt, schoben die zarten Spitzen der Blättchen heraus, an den Zweigen der Forsythien erstrahlten goldene Sternchen, die prallen Knospen der Birnen öffneten sich ein wenig, und an den Spitzen anderer Knospen glänzten goldgrüne Augen. Aus den klebrigen Hüllen blinzelt junges Grün hervor, pralle Knospen springen auf, und filigrane Zäckchen und Fältchen drängen hervor. Schäme dich nicht, rotes Blättchen, öffne dich, gefalteter Fächer, strecke dich, beflaumter Schläfer: Der Befehl zum Aufbruch ist erteilt. Erschallt, Fanfaren des ungeschriebenen Marsches! Glänzt im Sonnenlicht, goldene Posaunen und Trompeten, dröhnt, ihr Trommeln, pfeift, ihr Flöten, verströmt eure Klänge, unzählige Geigen; denn der stille, braune und grüne Garten hat seinen Siegesmarsch angetreten.

Der Gärtner
im April

April, das ist der richtige und gesegnete Monat des Gärtners. Die Verliebten sollen uns in Ruhe lassen mit ihrem gepriesenen Mai; im Mai blühen die Bäume und Blumen nur, aber im April, da schlagen sie aus! Glaubt mir, dieses Keimen und Ausschlagen, diese Knospen und Keimlinge sind die größten Wunder der Natur – mehr verrate ich nicht. Hockt euch nur selber nieder, grabt selber mit den Fingern im lockeren Boden und haltet dabei den Atem an, denn eure Finger berühren einen zarten, vollen Keimling. Das lässt sich nicht schildern, genauso wie man Küsse nicht beschreiben kann und noch einige andere Dinge mehr.

Da wir gerade von diesem zarten Keimling sprechen: Niemand weiß genau, wie das kommt, aber es geschieht auffallend häufig. Tritt man in ein Beet, um ein Ästchen aufzuheben oder den verflixten Löwenzahn auszureißen, tritt man gewöhnlich auf die unterirdischen Teile einer Lilie oder einer Trollblume. Es knackt nur so unter dem Fuß, dass man vor Schreck und Scham erstarrt. In diesem Augenblick hält man sich für ein Ungeheuer, unter dessen Hufen kein Gras mehr wächst. Oder man lockert mit unendlicher Vorsicht die Erde im Beet auf mit dem verbürgten Ergebnis, entweder mit der Hacke eine keimende Zwiebel zu spalten oder mit dem Spaten glatt die Keimlinge der Anemonen abzuschneiden. Weicht man erschrocken zurück, zertritt man sicher mit seinen Tatzen eine blühende Primel oder bricht einen jungen Trieb des Rittersporns ab. Je größer die Vorsicht ist, mit der man arbeitet, umso größer ist der Schaden, den man anrichtet. Erst Jahre der Praxis lehren einen die mystische und instinktive Sicherheit eines echten Gärtners, der weiß Gott wohin tritt und dabei doch nichts zerstört; und wenn schon, so macht er sich wenigstens nichts daraus. Doch das nur nebenbei.

Der April ist nicht nur der Monat des Austreibens, sondern auch der des Einpflanzens. Mit Begeisterung, ja mit wilder Begeisterung und

Ungeduld habt ihr in der Gärtnerei Setzlinge bestellt, ohne die ihr einfach nicht länger leben könnt. Alle Freunde, die Gärtner sind, habt ihr um Ableger gebeten. Niemals, sage ich, nie habt ihr an dem genug, was ihr schon besitzt. Und so kommen eines Tages an die hundertsiebzig Setzlinge ins Haus, die alle in die Erde wollen; im selben Augenblick blickt ihr im Garten umher und erkennt mit niederschmetternder Gewissheit, dass ihr keinen Platz für sie habt.

Im April ist der Gärtner dazu verdonnert, mit welkenden Setzlingen in der Hand zwanzigmal seinen Garten zu umschleichen und ein Fleckchen Erde zu suchen, auf dem noch nichts wächst. »Nein, da ist kein Platz«, brummt er leise, »hier stehen die verfluchten Chrysanthemen, da würden sie wieder die Flammenblume ersticken, und hier ist die Pechnelke, hol sie der Teufel! Hm, da machen sich die Glockenblumen breit, und bei dieser Schafgarbe dort ist auch nichts frei – wo setze ich sie nur hin? Warte mal, hierher – nein, da ist schon das Fingerkraut; oder dorthin – dort ist die Dotterblume. Hier wäre ein Plätzchen, doch da ist alles voller Tradescantien; und da – was kommt denn da heraus? Das möchte ich auch gern wissen. Aha, hier ist ein winziges Plätzchen. Warte nur, mein Setzling, gleich werde ich dir dein Bettchen bereiten. So, siehst du, und jetzt wachse und gedeihe mit Gottes Hilfe.«

Ja, und nach zwei Tagen bemerkt der Gärtner, dass er den Setzling gerade in die purpurrot hervorsprießende Nachtkerze hineingepflanzt hat.

Der Gärtner-Mensch ist ein Produkt der Kultur und entstand keinesfalls durch natürliche Entwicklung. Wäre er nämlich aus der Natur hervorgegangen, sähe er anders aus:
Vor allem hätte er Beine wie ein Käfer, um nicht hocken zu müssen, und er besäße Flügel, einerseits der Schönheit wegen, andererseits, um über seinen Beeten schweben zu können. Wer es nicht selbst erlebt hat, ahnt nicht, wie die Beine dem Menschen hinderlich sein können, wenn er nicht weiß, wohin mit ihnen; wie überflüssig lang sie sind, wenn man sie unter sich zusammenlegen muss, um mit den Händen in der Erde herumzubuddeln; wie unmöglich kurz sie sind, wenn man das andere

Ende des Beetes erreichen will, ohne dabei auf das Kissen des Mutterkrauts oder eine aufsprießenden Akelei zu treten. Da möchte man am liebsten an einem Seil hängend sich über den Kulturen hin und her bewegen können, oder wenigstens vier Hände haben und darauf einen Kopf mit einer Mütze und sonst nichts; oder ausziehbare Gliedmaßen, ähnlich einem Kamerastativ. Da jedoch der Gärtner äußerlich ebenso unvollkommen ausgestattet ist wie alle anderen, bleibt ihm nichts anderes übrig, als zu zeigen, was er kann: auf der Spitze eines Fußes balancieren, wie eine Ballerina schweben, die Beine vier Meter weit spreizen, leicht wie ein Schmetterling oder eine Bachstelze den Boden berühren, auf drei Quadratzentimetern Platz haben, das Gleichgewicht halten – allen Gesetzen über geneigte Körper zum Trotz, überall hingreifen können, allem ausweichen und dennoch bemüht sein, eine gewisse Würde zu wahren, damit ihn die Leute nicht auslachen.

Allerdings, bei einem flüchtigen Blick im Vorübergehen, seht ihr vom Gärtner nichts als das Hinterteil. Alles übrige, wie der Kopf, die Hände und die Beine, befindet sich einfach unter ihm.

Danke der Nachfrage! Es ist schon eine ganze Menge da: Narzissen, Hyazinthen und Traubennarzissen, Stiefmütterchen, Vergissmeinnicht, Steinbrech, Fette Henne, Gänse- und Gemskresse, Himmelsschlüssel und Frühlingserika; und was morgen oder übermorgen zu blühen beginnt – da werdet ihr Augen machen!

Natürlich, staunen kann ein jeder. »Ach, ist das aber eine hübsche lila Blume«, ruft ein Laie, worauf ihm der Gärtner etwas verstimmt erwidert: »Das ist doch eine Petrocallis pyrenaica«. Denn der Gärtner legt auf Namen großen Wert; eine Blume ohne Namen ist, um es platonisch auszudrücken, eine Blume ohne metaphysische Idee; es mangelt ihr die echte und vollwertige Wirklichkeit. Eine namenlose Blume ist Unkraut. Eine Blume mit einem lateinischen Namen ist dagegen sozusagen in den Stand der Fachkenntnis erhoben. Wächst eine Brennnessel im Beet und steckt man ein Täfelchen mit der Bezeichnung »Urtica dioica« dazu, beginnt man sie zu schätzen, ja sogar den Boden ringsum zu lockern und ihn ein wenig mit Chilesalpeter zu düngen. Wenn ihr

mit einem Gärtner sprecht, fragt ihn immer: »Wie heißt diese Rose?«
Worauf er euch hocherfreut antwortet: »Das ist eine Burmeester van
Tholle und die dort eine Madame Claire Mordier«, und dabei hält er
euch für nette und gebildete Menschen. Übrigens, wagt ja nie selber mit
Namen glänzen zu wollen; sagt zum Beispiel nicht: »Da blüht ja eine
hübsche Arabis«, weil euch dann der Gärtner verächtlich grollend ent-
gegnen kann: »Ach was, das ist doch eine Schiereckia bornmuelleri!«
Es ist zwar fast dasselbe, aber Name bleibt Name; und wir Gärtner
halten auf einen guten Namen. Deshalb hassen wir Amseln und sind
auch auf Kinder nicht gut zu sprechen, weil sie die eingesteckten Na-
menstäfelchen herausziehen und durcheinanderbringen. Dann kann es
nämlich vorkommen, dass wir mit Erstaunen erklären:
»Schauen Sie sich mal diesen Goldregen an, der blüht genauso wie ein
Edelweiß – das dürfte allerdings eine lokale Spielart sein; aber es ist
bestimmt ein Goldregen, es steckt doch mein eigenes Namensschildchen
daneben.«

Mein Garten im April

Der April ist der Monat des Austreibens und des Einpflanzens.

Beste und mitunter letzte Zeit zum Ein- und Umpflanzen.

Die Pflanzen im Winterquartier säubern, schneiden, umtopfen,
intensiver gießen, wieder düngen. Stabile Kübelpflanzen
wie Oleander im Freien in den Schatten stellen.

Frühblühern sofort nach der Blüte nur Blüte und Stiele abschneiden.
Ziersträucher können noch ausgelichtet werden.

Kartoffeln setzen, alle Salatsorten, Brokkoli, Blumenkohl, Lauch,
Zwiebeln, Zuckererbsen, Rettich aussäen; eventuell mit Folie
abdecken. Boden bis zum Keimen feucht halten.
Gegen Monatsende Gurken- und Kürbissorten einpflanzen.

Aus den Obsthölzern kranke Früchte und altes Laub entfernen.
Wundhölzer tief zurückschneiden. Gute Pflanzzeit für Aprikose,
Pfirsich, Kiwi, Wein, Quitten u. v. a. m..

Junge Ruten der Him- und Brombeeren am Spalier festbinden.

Auf den Rasen, falls noch nicht geschehen, organischen Dünger
aufbringen; erster Rasenschnitt.

Merkliste und Notizen

Feiertag

... Ich werde absichtlich nicht den Tag der Arbeit besingen, sondern den Feiertag meines Privateigentums. Und wenn es nicht gerade regnet, werde ich in ihm hockend feiern und sagen:

»Warte mal, ich gebe dir ein wenig Torf, und diesen wilden Trieb schneide ich auch weg; und du möchtest tiefer in die Erde, nicht wahr?« Und das Steinkraut bejaht, worauf ich es tiefer in die Erde setze. Dann ist meine Erde, und zwar wortwörtlich, mit Schweiß und Blut getränkt; schneidet man ein Zweiglein oder einen Trieb ab, schneidet man sich dabei fast immer in den Finger, der ja auch nur ein Zweiglein oder ein Trieb ist. Der Mensch, der einen Garten besitzt, wird unwiderruflich zu einem Privateigentümer; dann wächst in seinem Garten nicht eine Rose, sondern seine Rose, dann sieht er nicht, dass die Kirschbäume blühen, sondern seine Kirschbäume. Der Mensch, der Eigentümer ist, gerät in eine gewisse Wechselbeziehung zu seinen Mitmenschen, zum Beispiel, was das Wetter betrifft. Er sagt: »Jetzt könnte uns der Regen verschonen«, oder: »Der Regen hat uns gutgetan.« Gleichzeitig aber macht sich bei ihm eine nicht minder starke Ausgrenzung bemerkbar; so findet er, dass die Bäume in Nachbarsgarten ungepflegt draufloswachsen und im Gegensatz zu seinen Bäumen das reinste Gestrüpp sind; oder er findet, dass diese Quitte in seinem Garten viel besser aussehen würde als in dem des Nachbarn, und so weiter. Es ist somit sicher, dass das Privateigentum gewisse Klassen- und Kollektivinteressen hervorbringt, zum Beispiel in Bezug auf das Wetter; aber es steht ebenso fest, dass dadurch ein starkes egoistisches, privatunternehmerisches Besitzstreben geweckt wird. Der Mensch würde zweifellos für die Wahrheit kämpfen, aber noch bereitwilliger und eifriger würde er für seinen Garten in den Kampf ziehen. Ein Mensch, der einige Quadratmeter Boden besitzt und darauf pflanzt, wird tatsächlich zu einer Art konservativem Wesen,

da er von tausendjährigen Naturgesetzen abhängig ist; man kann
tun, was man will, keine Revo-
lution beschleunigt die Zeit des
Keimens und lässt den Flieder vor
Mai erblühen. So wird der Mensch
weise und unterwirft sich den
Naturgesetzen und den Kenntnis-
sen der Vorfahren.
Dir, Alpenglöckchen, grabe ich
dann ein tieferes Lager. Arbeit!
Auch dieses Herumspielen mit
der Erde kann man Arbeit nennen, strengt man doch dabei den
Rücken und die Knie an. Aber
es geht gar nicht um die Arbeit,
sondern um die Glockenblume;
man arbeitet nicht, weil es schön
ist oder weil es adelt oder gesund
ist, sondern damit die Glockenblume gedeihe und der Steinbrech
sich zu einem hübschen Kissen
auswachse. Wenn du etwas feiern
möchtest, dann solltest du nicht
diese deine Arbeit feiern, sondern die Glockenblume oder den
Steinbrech, für die du sie tust.
Und würdest du, statt Artikel
und Bücher zu schreiben, am
Webstuhl oder an der Drehbank

stehen, dann nicht um der Arbeit
willen, sondern weil du dafür
Räucherfleisch und Erbsen ein-
tauschst oder weil du eine Schar
Kinder hast und leben willst.
Und deshalb solltest du heute
Räucherfleisch mit Erbsen, die
Kinder und das Leben feiern,
alles das, was du für deine Arbeit
kaufst und mit deiner Arbeit
bezahlst. Oder du solltest das
feiern, was du mit deiner Arbeit
erzeugst. Die Straßenbauarbeiter
hätten nicht nur ihre Arbeit zu
feiern, sondern auch die Straßen,
die durch ihre Arbeit entstehen
oder die sie erhalten. Die Textilar-
beiter sollten am Tag der Arbeit
vor allem die Kilometer Drillich
und Leinwand feiern, die sie mit
den Maschinen gewebt haben.
Man nennt den 1. Mai den Feiertag der Arbeit und keineswegs
den Feiertag der Leistung, und
doch sollte man eher auf das
stolz sein, was man geleistet hat,
als darauf, dass man überhaupt
arbeitet.
Ich fragte einmal einen, der den
seligen Leo Tolstoi besucht hatte,

wie die Stiefel ausgesehen hätten, die sich Tolstoi selbst genäht hatte. Angeblich seien sie außerordentlich schlecht gewesen. Wenn der Mensch arbeitet, so sollte er es deshalb tun, weil es ihm Freude bereitet, weil er es kann, oder schließlich, um zu leben. Aber aus Prinzip Stiefel selbst zu nähen, aus einem Grundsatz oder aus einer Tugend heraus zu arbeiten, heißt eine Arbeit zu leisten, die nicht viel wert ist. Meiner Meinung nach sollte der Feiertag der Arbeit im Lob der menschlichen Geschicklichkeit und all der Fachkenntnisse derer gipfeln, die ihre Arbeit richtig anzupacken verstehen. Wenn wir heute alle tüchtigen und klugen Gesellen und Fachleute der Welt feiern würden, würde dieser Tag besonders fröhlich ausfallen. Das wäre dann wirklich ein Feiertag, ein Wallfahrtstag des Lebens, der Feiertag aller rechtschaffenden Leute.

Nun gut, aber dieser Feiertag der Arbeit ist ein ernster und verdienter Tag. Mach dir nichts daraus, kleine Blüte am Frühlingsphlox, und öffne deinen ersten rosig-zarten Blütenkelch.

April ist der grausamste Monat,
Flieder zeugend aus dem toten Land,
Erinnerung und Begierden mischend.

THOMAS STEARNS ELIOT

Wären die Menschen in ihrem kleinen Garten geblieben,
so hätten wir eine andere Vorstellung von Glück
und Unglück als die, die wir jetzt haben.

CHARLES DE MONTESQUIEU

Unkraut ist die Opposition der Natur
gegen die Regierung der Gärtner.

OSKAR KOKOSCHKA

Der Gärtner
im Mai

Vor lauter Sorgen mit dem Auflockern und dem Umgraben, mit dem Einpflanzen und Beschneiden haben wir fast die größte Freude und den besonderen Stolz des Gärtners vergessen, seinen *Steingarten* oder Alpinum. Wahrscheinlich nennt man es deshalb Alpinum, weil dieses Eckchen Garten es dem Gärtner ermöglicht, seinen halsbrecherischen Alpinismus zu betreiben. Will er zum Beispiel dort zwischen diese beiden Steine eine kleine Androsace alpina oder Mannsschild einsetzen, muss er den einen Fuß ganz leicht auf diesen Stein stellen, der ein wenig locker sitzt, während er den andern in der Luft balanciert, um nicht das Kissen dieses Erysimum oder des blühenden Felsensteinkrauts zu zertreten. Er muss die kühnsten Grätschen, Hocken, Drehungen, Haltungen, Stellungen, Sprünge, Ausfallschritte, Rumpfbeugen, Griffe und Übungen anwenden, um zwischen den malerisch aufgeschichteten und nicht gerade fest sitzenden Steinen seines Steingartens pflanzen, auflockern, herumstochern und jäten zu können.

Die Pflege eines Steingartens entpuppt sich als ein aufregender und schwieriger Sport. Außerdem bietet sie unzählige begeisternde Überraschungen, wenn man etwa in der schwindelnden Höhe des Ellbogens ein blühendes Büschel des weißen Edelweißes, eine Gletschernelke oder irgendein anderes Kind der Hochgebirgsflora, wie man sie nennt, im Fels entdeckt. Doch was soll ich hier erst lange erzählen: Wer sie nicht mühsam aufgezogen hat, all diese Miniaturglockenblumen, den Steinbrech, die Pechnelken, den Alpenehrenpreis, das Sandkraut, die Felsenblümchen und Schleifenblumen, Steinkraut, Alpendotterblume, Silberwurz, Heiderich, Berghauswurz und Fetthenne, Lavendel, Fingerkraut, Glockenblume und Kamille, Alpengänsekresse, Gipskraut, Becherglocke und die verschiedenen Zwergschwertlilien, Thymianarten, Olymp-Johanneskraut und das Orangefarbene Habichtskraut und Heideröschen,

Enzian, Alpenhornkraut, Berggrasnelke und Leinkraut, nicht zu vergessen die Alpenaster, den niedrigen Beifuß, Leberbalsam, Wolfsmilch, Seifenkraut, Reiherschnabel, Gemskresse, Mauerraute, Hirtentäschelkraut, noch das Löwenmaul, die Bergsamenblume und unzählige andere wunderschöne Blümchen, wie zum Beispiel Steintäschel, Steinsame, Bärenschote und andere, nicht minder wichtige, wie die Schlüsselblume, das Alpenveilchen und so weiter und so weiter – wer also all das nicht selbst großgezogen hat – ungeachtet vieler anderer, von denen ich wenigstens noch Lotwurz, Stachelnüsschen, Schnabelsame, Mastkraut und Felsmiere nenne –, der soll nicht von den Schönheiten dieser Welt sprechen, denn er sah nicht das Lieblichste, das diese raue Erde in einem zärtlichen Augenblick (vor bloß einigen hunderttausend Jahren) hervorgebracht hat. Wenn ihr so ein kleines Kissen des Dianthus musalae sehen würdet, übersät mit den rosigsten kleinen Blüten, die man sich nur …

Doch was soll ich euch erzählen; nur wer einen Steingarten angelegt hat, kennt diese Begeisterung, die dem Entzücken eines Mystikers gleicht.

Ja, denn der Besitzer eines Steingartens ist nicht nur Gärtner, sondern auch Sammler, und zählt dadurch zu den schweren Monomanen. Zeigt ihm nur zum Beispiel, dass bei euch die Campanula morettiana gedeiht, und er wird in der Nacht kommen, mordend und schießend, um sie unter allen Umständen zu stehlen, denn ohne sie kann er nicht mehr leben. Ist er zu feige oder zu dick zum Stehlen, wird er so lange weinen und betteln, bis ihr ihm wenigstens den allerkleinsten Ableger überlasst. Seht ihr, das kommt davon, wenn ihr vor ihm mit euren Schätzen prahlt und großtut.

Oder es trifft sich, dass er in einer Gärtnerei einen Blumentopf ohne Namensschildchen findet, aus dem etwas Grünliches hervorsprießt.

»Was haben Sie denn da?«, fragt er neugierig den Gärtner.

»Das hier?«, entgegnet der Gärtner verlegen, »das ist irgendeine Glockenblume, ich weiß selber nicht, welche …«

»Geben Sie sie mir «, sagt der Monomane, Gleichgültigkeit vortäuschend.

»Nein«, erwidert der Gärtner, »die verkaufe ich nicht.«

»Aber schauen Sie«, beginnt der Monomane nachdrücklich, »ich kaufe doch schon so lange bei Ihnen, nun sagen Sie selbst, was liegt Ihnen schon daran?«

Nach vielem Hin und Her, nachdem er bereits fortgegangen und wieder zu dem rätselhaften und namenlosen Blumentopf zurückgekehrt war und deutlich zu erkennen gegeben hatte, dass er ohne ihn auf keinen Fall weggehen würde, und wenn er hier neun Wochen herumstreichen müsste; nachdem er also sämtliche Sammlertricks und Überredungskünste angewendet hatte, trägt der Besitzer des Steingartens schließlich die geheimnisvolle Glockenblume nach Hause, sucht ihr das beste Plätzchen in seinem Alpengärtchen aus, pflanzt sie mit unendlicher Zärtlichkeit ein, begießt und umhegt sie täglich mit jener Aufmerksamkeit, wie sie nur so eine Kostbarkeit verdient. Und die Glockenblume wächst wirklich wie besessen.

»Da sehen Sie mal her«, zeigt der stolze Besitzer sie seinen Gästen, »das ist eine besondere Art der Glockenblume. Niemand konnte sie bisher bestimmen; ich bin neugierig, wie sie blühen wird.«

»Das soll eine Glockenblume sein?«, fragt der Gast. »Das hat ja Blätter fast wie der Meerrettich.«

»Wie kommen Sie denn darauf?«, erwidert der Besitzer. »Meerrettich hat doch viel größere und nicht so glänzende Blätter. Es ist ganz bestimmt eine Glockenblume; aber vielleicht ist es«, fügt er bescheiden hinzu, »eine species nova.«

Infolge der vielen Feuchtigkeit wächst die besagte Glockenblume mit staunenerregender Schnelligkeit. »Sehen Sie mal her«, sagt ihr Besitzer. »Sie meinten unlängst, sie habe Blätter wie der Meerrettich. Haben Sie jemals einen Meerrettich mit solchen Riesenblättern gesehen? Mein Lieber, das ist irgendeine Campanula gigantea, die wird Blüten haben so groß wie ein Teller.« Schließlich beginnt diese einzigartige Glockenblume einen Stengel in die Höhe zu treiben, und darauf – nun ja, es ist wahrhaftig nur ein Meerrettich! Weiß der Teufel, wie er in der Gärtnerei in den Blumentopf gekommen ist!

»Hören Sie mal«, fragt der Gast einige Zeit später, »wo haben Sie denn Ihre Riesenglockenblume? Blüht sie noch nicht?«

»Ach wo, die ist mir eingegangen. Sie wissen ja, solche heiklen und kostbaren Arten ... Höchstwahrscheinlich war's eine Hybride.«

Mit dem Bestellen von Blumen ist es auch so ein Kreuz. Im März erledigt die Versand-Gärtnerei die Bestellung meistens nicht, weil es gewöhnlich friert und die Kulturen noch nicht im Freien sind; im April erledigt sie den Auftrag ebenfalls nicht, weil sie zu viele Bestellungen hat, und im Mai erledigt sie sie wieder nicht, weil sie größtenteils ausverkauft ist. »Himmelsschlüssel habe ich nicht mehr, wenn Sie aber wollen, gebe ich Ihnen diese Königskerzen, die blühen auch gelb.«

Aber manchmal kommt es doch vor, dass die Post den Korb mit den bestellten Kulturen bringt. Na endlich! Gerade für dieses Beet hier brauchen wir etwas sehr Hohes zwischen dem Eisenhut und dem Rittersporn; da setzen wir diesen Dictamnus ein, auch Hirschkraut oder Brennender Busch genannt. Der Setzling, der geliefert wurde, ist zwar sehr klein, aber er wird rasch wachsen.

Ein Monat vergeht, aber der Setzling will nicht in die Höhe gehen; er sieht wie niedriges Gras aus. Wäre es nicht ein Dictamnus, bei Gott, man könnte glauben, es sei ein Dianthus. Wir müssen ihn ordentlich gießen, damit er wächst; er bekommt ja schon irgendwelche rosa Blüten ...

»Sehen Sie mal her«, wendet sich der Gärtner an einen erfahrenen Gast, »das ist doch ein niedriger Dictamnus, nicht wahr?«

»Sie wollten sagen Dianthus«, verbessert der Gast.

»Natürlich, Dianthus«, sagt der Hausherr rasch, »ich habe mich nur versprochen; ich dachte nämlich gerade, dass sich zwischen den hohen Stauden ein Dictamnus besser ausnehmen würde, meinen Sie nicht auch?«

Jedes Handbuch für Gärtner besagt, dass »man sich Kulturen am besten aus Samen heranzieht«. Aber es erwähnt nicht, dass die Natur, soweit es die Samen betrifft, ihre eigenen Gewohnheiten hat. Es ist nämlich ein Naturgesetz, dass entweder kein einziger der ausgesäten Samen aufgeht oder aber alle auf einmal. »Hier würde eine Distel sehr

dekorativ wirken, zum Beispiel eine Kratzdistel oder eine Eselsdistel.«
Und so kauft man von jedem ein Tütchen voll Samen, sät aus und freut
sich, wie schön sie keimen werden. Nach einiger Zeit muss man sie
auseinandersetzen; und der Gärtner jubelt, dass er hundertsechzig Töpfe mit üppigen Sämlingen hat, und meint, dieses Züchten aus Samen sei
doch noch das Allerbeste.

Bald sollen die Sämlinge in die Gartenerde; was aber fängt der Mensch
mit hundertsechzig Disteln an? Schon hat er jedes freie Plätzchen aus-
genützt, und noch immer bleiben mehr als hundertdreißig übrig; soll er
sie auf den Mist werfen, wo er sich so viel Mühe mit ihnen gegeben hat?

»Herr Nachbar, wollen Sie nicht ein paar Setzlinge der Kratzdistel? Sie
ist wirklich sehr dekorativ.«

»Meinetwegen.«

Gott sei Dank, der Herr Nachbar hat dreißig Setzlinge genommen, mit
denen er jetzt verlegen in seinem Garten herumläuft und einen Platz
sucht, wo er sie einsetzen könnte. Bleibt noch der Nachbar von links
und von gegenüber.

Gott helfe ihnen, wenn die zwei Meter hohen dekorativen Disteln ihnen
über den Kopf gewachsen sind!

Erwarte von einem Apfelbaum keine Tannenzapfen
und von der Tanne keine Äpfel.

ZENTA MAURINA

Und wir sind ganz allein im Garten,
Drin die Blumen wie Kinder stehn,
Und wir lächeln und lauschen und warten,
Und wir fragen uns nicht, auf wen ...

RAINER MARIA RILKE

Die Erde braucht Dünger
wie der Fisch das Wasser.

AUS CHINA

Mein Garten im Mai

Es gibt viel zu tun, denn nach den Eisheiligen (11. bis 15. Mai)
beginnt die Freiluftsaison.

Die Kübelpflanzen aus dem Winterquartier holen; Balkon- und
Terrassenpflanzen in die Pflanzgefäße einsetzen.

Alte Blütenstände aus den Rhododendren entfernen.

Tomaten, Gurken und die mediterranen Gemüse und Würzkräuter
einpflanzen (Zucchini, Auberginen, Zuckermais, Buschtomaten,
Paprika, Salbei, Thymian, Oregano, Lavendel …

Beeren- und Obstgehölze ausdünnen und düngen.
Erdbeeren bekommen Stroh oder Holzwolle.

Salate, Radieschen, Kohlrabi, Brokkoli, Blumenkohl im Zwei-Wochen-
Rhythmus nachsäen und bis zum Herbst ernten.

Den Rasen vom Unkraut befreien, schneiden, säubern, vertikutieren
– oder jetzt neu anlegen.

Gegen Schädlings- und Pilzbefall vorsorgen.

Merkliste und Notizen

Willkommener Regen

Wahrscheinlich hat jeder von uns etwas Bäuerliches in sich, auch wenn weder Pelargonien noch Meerzwiebeln an unseren Fenstern wachsen. Sobald aber eine Woche lang die Sonne scheint, beginnen wir sorgenvoll zum Himmel zu blicken und zu Bekannten, denen wir begegnen, zu sagen: »Es sollte mal wieder regnen.«

»Ja, das sollte es«, meint der andere Städter darauf. »Ich war unlängst im Park, dort ist es schon so trocken, dass die Erde Risse bekommt.«

»Und ich fuhr unlängst mit der Bahn nach Kolín«, sagt der erste. »Ich meine auch, es ist viel zu trocken.«

»Es müsste einmal ordentlich regnen«, seufzt der zweite.

»Wenigstens drei Tage lang«, fügt der andere hinzu.

Stattdessen brennt die Sonne. In der Stadt beginnt es nach erhitztem Menschenfleisch zu riechen, in den Straßenbahnen schwitzen die Wohlbeleibten melancholisch vor sich hin, die Leute sind gereizt und irgendwie ungesellig.

»Ich glaube, es wird regnen«, sagt ein verschwitztes Wesen.

»Es sollte«, stöhnt das zweite.

»Wenigstens eine Woche lang müsste es regnen«, sagt das erste, »das täte dem Gras und allem andern gut.«

»Es ist zu trocken«, meint das zweite.

Inzwischen brütet schwül die Sonnenhitze, schwere Spannung gärt in der Luft, Gewitterwolken wälzen sich am Himmel hin und her, bringen aber weder der Erde noch den Menschen die ersehnte Erleichterung. Ein andermal wieder dröhnen Gewitter am Himmel, weht ein mit Feuchtigkeit gesättigter Wind, und schon fängt es an: In Strömen prasselt der Regen auf das Pflaster nieder, die Erde seufzt geradezu laut auf, das Wasser rauscht, trommelt, peitscht, klirrt gegen das Fenster, klopft mit tausend Fingern in den Dachrinnen, läuft in Rinnsalen ab und gluckst in den Pfützen. Der Mensch möchte vor Wonne laut jauchzen, er steckt den Kopf aus dem Fenster, um ihn vom himmlischen Nass abkühlen zu lassen, pfeift, lacht und würde sich am liebsten barfuß in die gelben Sturzbäche stellen, die durch die Straßen strömen. Segensreicher Regen, kühlende Wonne des Wassers, bade meine Seele und wasche rein mein Herz, du glitzerndes, erfrischendes Nass. Die Hitze hat mich missmutig gemacht, unwillig und faul; müde und schwerfällig, stumpf, träge und egoistisch; ich verdorrte in der Trockenheit und erstickte an meiner inneren Schwere und meinem Unbehagen. Klingt, ihr silbernen Küsse, mit denen die durstige Erde die Regentropfen empfängt! Rausche, wehender Wasserschleier, der alles rein wäscht! Kein Wunder der Sonne kommt dem Wunder des segensreichen Regens gleich. Eile, trübes Wässerchen, durch die kleinen Rinnen der Erde, tränke und durchdringe den lechzenden Boden, der uns gefangen hält. Alle haben wir aufgeatmet, das Gras, ich, die Erde, alle; so geht es uns gut.

Der rauschende Guss hat plötzlich aufgehört, als hätte man einen Hebel umgelegt. Die Erde glänzt im silbrigen Dunst, im Gebüsch ruft eine Amsel laut und führt sich auf wie toll; auch wir würden es gerne tun, stattdessen treten wir barhäuptig vors Haus und atmen die frische, funkelnde Feuchtigkeit der Luft und der Erde ein.

»Ein herrlicher Regen«, sagen wir.

»Schön, aber es sollte noch mehr regnen.«

»Ja, das sollte es«, antworten wir, »aber auch das war ein segensreicher Regen.«

Und eine halbe Stunde später regnet es wieder in langen, dünnen Fäden; das ist der richtige, sanfte, gute Regen; ruhig und breit regnet das fruchtbringende Himmelsnass. Das ist nicht die spritzende und strömende Flut, sondern ein sanft rauschender, luftiger, stiller Strichregen. Von dir, sanftes Nass, geht nicht ein Tropfen verloren. Doch die Wolken teilen sich, und durch die dünnen Fäden dringen die Sonnenstrahlen; die Fäden reißen, der Strichregen lässt nach, und die Erde atmet warme Feuchtigkeit aus.

»Das war ein richtiger Mairegen«, freuen wir uns, »jetzt wird alles schön grün werden.«

»Noch ein paar Tropfen«, sagen wir, »und dann reicht es einstweilen.«

Die Sonne stemmt sich kraftvoll gegen die Erde, dem feuchten Boden entströmt heißer Dunst; man atmet schwer und die Luft ist bedrückend wie in einem Treibhaus. In einer nahen Himmelsgegend ballen sich von neuem Gewitterwolken zusammen. Man atmet die warme Schwüle ein, schwere Tropfen fallen zur Erde, und von irgendwoher weht ein mit feuchter Kühle gesättigter Wind. Man ermattet in der feuchten Luft wie in einem lauwarmen Bad, atmet die Wassertröpfchen ein, watet durch kleine Rinnsale, sieht am Himmel weiße und graue Dampfknäuel sich auftürmen, als ob sich die ganze Welt in dem warmen, weichen Mairegen auflösen wollte.

»Es sollte noch ein wenig regnen«, sagen wir.

Es quoll und trieb nun überall,

Mit Leben, Farben Duft und Schall;

Sie schienen gern sich zu vereinen,

Dass alles möchte lieblich scheinen.

Ich wusste nicht, wie mir geschah,

Und wie das wurde, was ich sah.

NOVALIS

Der Neider sieht nur das Blumenbeet,

nicht aber den Spaten.

AUS TIROL

Die Natur behauptet eigensinnig ihren Gang;

was im Mai nicht blüht,

wird's im September nicht nachholen.

FRIEDRICH HEBBEL

Der Gärtner
im Juni

Der Juni ist die Hauptzeit der Heuernte. Doch was uns städtische Gärtner betrifft, ist nicht anzunehmen, dass wir an einem taufrischen Morgen die Sense schärfen und dann im offenen Hemd mit mächtigen Schwüngen das glitzernde Gras mähen, dass es nur so pfeift, und dabei Volkslieder singen. Die Sache sieht etwas anders aus.

Vor allem wollen wir Gärtner einen englischen Rasen haben, grün wie ein Billardtisch und dicht wie ein Teppich, einen vollendeten Rasen, einen Grasplatz ohne Makel, eine Matte wie Samt, eine Wiese wie ein Tisch. Nun, im Frühjahr stellen wir fest, dass dieser englische Rasen aus ein paar kahlen Flecken, aus Löwenzahn, Klee, Erde, Moos und einigen harten, gelblichen Grashalmen besteht. Er muss zuerst gejätet werden. Wir hocken uns nieder und entfernen das niederträchtige Unkraut aus dem Rasen, bis eine öde, zertrampelte und so kahle Erde zurückbleibt, als hätten Maurer oder eine Herde Zebras darauf herumgetobt. Dann begießt man ihn und lässt ihn in der Sonne rissig werden. Daraufhin entschließen wir uns, ihn doch lieber abzumähen.

Ein unerfahrener Gärtner rafft sich nach diesem Entschluss auf und sucht im städtischen Umland, bis er auf einer kahlgefressenen Wiese eine alte Frau mit einer Ziege antrifft, die einen Weißdornstrauch oder das Netz eines Tennisplatzes benagt.
»Liebe Frau«, sagt der Gärtner freundlich, »möchten Sie nicht saftiges Gras für Ihre Ziege haben? – Bei mir können Sie abmähen, soviel Sie wollen.« »Und was geben Sie mir dafür?«, sagt die Ziegenhirtin nach einigem Überlegen. »Zehn Euro«, erwidert der Gärtner und kehrt nach Hause zurück, um auf die Frau mit der Ziege und der Sichel zu warten. Aber sie kommt nicht.
Da kauft sich der Gärtner eine Sichel und einen Schleifstein und erklärt, er werde niemandem nachlaufen und sein Gras selber abmähen. Aber

entweder ist die Sichel so stumpf oder das städtische Gras so hart oder was auch immer, jedenfalls, die Sichel schneidet nicht. Da bleibt nichts andres übrig, als jeden Grashalm am Ende zu packen, aufzurichten und ihn unter großem Kraftaufwand mit der Sichel durchzusäbeln, wobei man für gewöhnlich auch die Wurzeln mit herausreißt. Mit einer Schneiderschere geht es wesentlich schneller. Hat der Gärtner schließlich seinen Rasen, so gut es eben ging, kurzgeschoren, abgerupft und verwüstet, kratzt er noch ein Häuflein Heu zusammen, macht sich auf und geht die alte Frau mit der Ziege suchen.

»Liebe Frau«, sagt er honigsüß, »möchten Sie bei mir nicht einen Korb voll Heu für Ihre Ziege abholen? Es ist schönes, reines Heu – «

»Und was geben Sie mir dafür?«, fragt die Ziegenhalterin nach einigem Nachdenken. »Fünf Euro«, sagt der Gärtner und eilt nach Hause, um auf die Frau zu warten, die das Heu abholen soll; es wäre doch schade, so ein schönes Heu wegzuwerfen, nicht wahr?

Schlussendlich nimmt sich die städische Müllabfuhr des Heues an, muss aber ein paar Euro dafür bekommen. »Sie wissen ja, Chef«, erklärt der Müllmann, »wir dürfen's eigentlich gar nicht mitnehmen.«

Der erfahrene Gärtner kauft sich einfach einen Rasenmäher; das ist so ein Gerät auf Rädern und rattert wie ein Maschinengewehr; fährt man damit übers Gras, fliegen die Halme nur so; ich sage euch, es ist die reinste Freude! Wenn so ein Rasenmäher ins Haus kommt, raufen sich alle Familienmitglieder, vom Großvater bis zum Enkel, darum, wer das Gras mähen darf: ein solches Vergnügen ist es, den üppigen Rasen zu schneiden.

»Lasst mich«, erklärt der Gärtner, »ich zeige euch, wie man's macht.« Worauf er mit der Pose eines versierten Maschinenführers über den Rasen fährt.

»Jetzt bin ich dran«, bettelt das zweite Familienmitglied.

»Noch ein Stückchen«, besteht der Gärtner auf seinem Recht und fährt von neuem lärmend und grasmähend drauflos. »Hör mal«, sagt der Gärtner nach einiger Zeit zu einem Familienmitglied, »möchtest du nicht die Maschine nehmen und das Gras schneiden? Das geht ganz mühelos.«

»Ich weiß«, erwidert der andere lahm, »aber ich habe heute keine Zeit.«

Die Heuernte ist bekanntlich die Zeit der Gewitter. Einige Tage zuvor liegt es drohend über Himmel und Erde; die Sonne sticht ganz abscheulich, der Boden bekommt Risse, und die Hunde stinken. Der Gärtner blickt sorgenvoll zum Himmel und sagt, es sollte endlich regnen. Woraufhin die sogenannten unheilverkündenden Wolken erscheinen und ein stürmischer Wind sich erhebt, der Staub, Hüte und welkes Laub vor sich hertreibt.

Da stürzt der Gärtner mit wehenden Haaren in den Garten, keineswegs, um wie ein romantischer Dichter den Elementen zu trotzen, sondern um alles, was im Winde schwankt, festzubinden, seine Geräte und Gartenstühle wegzutragen und überhaupt allen Naturgewalten die Stirn zu bieten. Während er vergebens versucht, die Stängel der Rittersporne anzubinden, fallen die ersten großen und warmen Tropfen; im ersten Augenblick ist es wie zum Ersticken, und dann – Rumms! – geht unter Donnergetöse plötzlich ein schwerer Platzregen nieder. Der Gärtner flüchtet unter einen Dachvorsprung und sieht schweren Herzens zu, wie sich der Garten unter den Peitschenhieben des Regens und des Sturmes schüttelt. Wird er noch stärker, stürzt er die Gefahren nicht achtend wie ein Held hinaus, der ein ertrinkendes Kind retten will, um eine geknickte Lilie anzubinden. Um Gottes willen, so viel Wasser. Mitten hinein prasseln Hagelkörner hernieder, hüpfen am Boden herum und werden von reißenden Bächen schmutzigen Wassers weggeschwemmt. Im Herzen des Gärtners aber ringt die Angst um die Blumen mit einer leisen Begeisterung, die große Naturerscheinungen in uns auslösen. Dann donnert es dumpfer, das Unwetter verwandelt sich in einen kalten Guss und dann zu einem leichten Regen. Der Gärtner läuft in den abgekühlten Garten hinaus, blickt verzweifelt auf den mit Sand überschwemmten Rasen, auf die geknickten Schwertlilien und die verwüsteten Beete. Doch kaum lässt sich die erste Amsel vernehmen, ruft er über den Zaun dem Nachbar zu: »Hallo, es sollte noch etwas regnen, für die Bäume war es zu wenig.«

Am nächsten Tag kann man in den Zeitungen von dem katastrophalen Wolkenbruch lesen, der insbesondere auf den Saatfeldern furchtbare Schäden angerichtet hat; aber kein Wort steht darin von dem schweren

Schaden, den er unter den Lilien verursacht hat, oder gar von der Verwüstung unter dem Orientalischen Mohn. Wir Gärtner werden immer übergangen.

Wenn es etwas nützen würde, fiele der Gärtner täglich auf die Knie und würde ungefähr so beten: »Herrgott, richte es so ein, dass es täglich von Mitternacht bis drei Uhr früh regnet, aber leicht und warm, weißt du, damit es einsickern kann. Doch soll es dabei nicht auf die Pechnelke, das Steinkraut, Sonnenröschen, den Lavendel und andere Blumen regnen, die dir in deiner unendlichen Weisheit als trockenliebende Pflanzen bekannt sind – wenn du willst, schreibe ich dir eine Liste. Die Sonne soll den ganzen Tag über scheinen, aber nicht überallhin (zum Beispiel nicht auf den Spierstrauch und den Enzian, noch auf die Herzlilien und den Rhododendron) und auch nicht zu stark. Gib meinem Garten viel Tau und wenig Wind, genug Regenwürmer, keine Blattläuse, Schnecken und keinen Mehltau. Und einmal in der Woche lasse es verdünnte Jauche mit Taubenmist regnen. Amen.«
Denn – glaubt mir, so ist es im Garten des Paradieses gewesen; anders hätte es dort nicht so wachsen können, nicht wahr?

Wenn ich schon das Wort »Blattlaus« erwähne, wäre hinzuzufügen, dass man gerade im Juni die Blattläuse vertilgen soll. Es gibt zu diesem Zwecke verschiedene Pulver, Präparate, Tinkturen, Extrakte und stinkendes Zeug, Schmierseife, Arsen, Tabak- und Brennnesselabsud und andere Gifte, die der Gärtner eines nach dem andern ausprobiert, sobald er sieht, dass sich die grünlichen und prall vollgesaugten Blattläuse auf seinen Rosenstöcken bedenklich vermehren. Wendet man diese Mittel mit einer gewissen Vorsicht an, werden die Rosenstöcke die Vernichtung der Blattläuse ohne Schaden überstehen. Dabei werden höchstens die Blätter und die Knospen verbrennen. Die Blattläuse dagegen gedeihen während der Austilgung in ungewöhnlichem Maß, so dass sie die Rosenzweige wie eine dichte Stickerei bedecken. Dann kann man sie – unter hörbaren Äußerungen von Abscheu – Zweig für Zweig zerquetschen. Auf diese Weise also vertilgt man die Blattläuse; aber der Gärtner riecht noch lange nachher nach Brennnesselbrühe und Schmierseife.

*Schon geht die Spargel- und Rhabarber-Saison zu Ende
und die ersten Beeren und Früchte werden geerntet.*

Die Kasten- und Kübelpflanzen mit flüssigem Zusatzdünger
zur Blütenprachtentfaltung anregen.

Ringelblumen und andere schnell wachsende Sommerblumen,
auch Trockenblumen, können nachgesät werden.

Zwiebeln des Herbst-Krokus, der Herbstzeitlosen einsetzen.
Zwiebeln von Tulpen, Hyazinthen, Narzissen aus dem Boden nehmen
und in trockenem Sand und dunkel lagern.

Abgeblühte Rosen, Frühjahrsstauden und Kissenpflanzen
deutlich zurückschneiden.

Aussaat von Fenchel, Chinakohl, Buschbohnen, Grünkohl,
Rosenkohl, Endivie, Radicchio, Zuckerhut; Petersilie, Dill, Majoran,
Kerbel, Kresse, Basilikum: düngen und wässern.

Ziergehölze nach der Blüte auslichten. Laubhecken ab
der letzten Juniwoche schneiden.

Merkliste und Notizen

Von den Gemüsezüchtern

Es gibt sicher einige Menschen, die beim Lesen dieser lehrreichen Betrachtungen erbittert sagen werden: »Von jedem ungenießbaren Blattzeug spricht der Kerl, aber mit keinem Wort erwähnt er die Möhre, die Gurke, den Kohlrabi, den Blumenkohl, die Zwiebel, das Lauch und die Radieschen, nicht einmal Sellerie, Schnittlauch und Petersilie, geschweige den schönen Krautkopf! Was ist das für ein Gärtner, der teils aus Stolz, teils aus Unkenntnis das Schönste, was es anzupflanzen gibt, vernachlässigt, wie zum Beispiel so ein Salatbeet?«

Auf diesen Vorwurf erwidere ich, dass ich in einem der zahlreichen Abschnitte meines Lebens auch über einige Beete mit Möhren, Kohl, Salat und Kohlrabi Herr war; sicherlich aus einer romantischen Idee heraus, um mich der Illusion hinzugeben, ein Farmer zu sein. Nach einer gewissen Zeit stellte sich jedoch heraus, dass ich täglich hundertzwanzig Radieschen hätte verzehren müssen, weil sie zu Hause niemand mehr essen wollte. Eine Woche später versank ich wieder in Kohl, worauf die Orgien mit den bereits holzigen Kohlrabi folgten. Es gab Wochen, in denen ich gezwungen war, dreimal täglich Salat zu kauen, um ihn nicht wegwerfen zu müssen. Ich will den Gemüseanpflanzern durchaus nicht ihre Freude verderben; aber was sie sich eingebrockt haben, sollen sie auch aufessen. Wäre ich gezwungen, meine Rosen zu verspeisen oder die Blüten der Maiglöckchen abzunagen, ich glaube, ich würde die gewisse Hochachtung vor ihnen verlieren. Der Bock kann zwar zum Gärtner werden, aber der Gärtner schwerlich zum Bock, der seinen eigenen Garten auffrisst. Wir Gärtner haben ohnehin genug Feinde: Spatzen, Amseln, Kinder, Schnecken, Engerlinge und Blattläuse. Da frage ich: sollen wir uns auch noch mit den Raupen anlegen? Sollen wir auch die Kohlweißlinge gegen uns aufbringen?

Jeder träumt einmal davon, was er täte, wenn er für einen Tag ein

Diktator sein könnte. Was mich angeht, so würde ich an diesem Tage eine Unmenge Dinge anordnen, neu gründen oder unterdrücken. Unter anderem würde ich das sogenannte Himbeeredikt erlassen. Das wäre eine Verordnung, gemäß der es jedem Gärtner bei Strafe des Abhackens der rechten Hand verboten wäre, Himbeeren längs des Zaunes zu pflanzen. Bedenkt doch bitte einmal, wie kommt der Nachbar dazu, dass mitten in seinen Rhododendren die unverwüstlichen Triebe der Himbeersträucher aus dem benachbarten Garten wuchern? So ein Himbeerstrauch kriecht meterweit unter der Erde; kein Zaun, keine Mauer, kein Graben, ja nicht einmal ein Stacheldraht oder ein Warnschild können ihn aufhalten. Dann wächst das Zeug mitten in euren Nelken oder Nachtkerzen, und ihr seid dagegen machtlos. Oh, mögen doch die Blattläuse über eure Himbeeren kommen! Sollen doch die Himbeersprößlinge mitten in euren Beeten austreiben!

Mögen euch doch Warzen so groß wie reife Himbeeren wachsen! Wenn ihr aber ehrenwerte und ordentliche Gärtner seid, pflanzt ihr längs eurer Zäune weder Himbeeren noch Knöterich, noch Sonnenblumen oder andere Pflanzen, die – wenn ich so sagen darf – das Privateigentum des Nachbarn mit Füßen treten. Wenn ihr eurem Nachbar eine Freude machen wollt, pflanzt Melonen bei euren Zäunen an. Einmal wuchs aus des Nachbars Garten auf meiner Seite des Zaunes eine Melone, so riesengroß, so kanaanisch, so über alle Rekorde hinaus, dass sie das Staunen einer ganzen Reihe von Journalisten, Dichtern, ja sogar Universitätsprofessoren erweckte, die nicht begreifen konnten, wie sich eine so gigantische Frucht zwischen den Zaunlatten durchzuzwängen vermochte. Nach einiger Zeit begann die betreffende Melone etwas obszön auszusehen; wir schnitten sie ab und aßen sie zur Strafe auf.

Der Gärtner
im Juli

Nach dem kanonischen Recht der Gärtner veredelt man die Rosen im Juli. Das wird gewöhnlich so gemacht: Man bereitet einen wilden Rosenstock, einen Wildling, als eine Unterlage vor, auf der gepfropft werden soll; ferner legt man eine große Menge Bast und ein Okulier-oder Baummesser bereit. Hat er alles beisammen, prüft der Gärtner die Schärfe des Messers an der Innenseite seines Daumens; ist das Messer genügend scharf, schneidet es in den Daumen ein und hinterlässt eine klaffende und blutende Wunde, die mit einigen Metern Verband umwickelt wird, wodurch auf dem Finger eine genügend große und volle Knospe entsteht. Das nennt man Rosen pfropfen. Ist kein wilder Rosenstock zur Hand, kann man sich den oben beschriebenen Schnitt in den Daumen auch bei einer anderen Gelegenheit zufügen, wie beim Herrichten der Stecklinge, Abschneiden der Wasserreiser oder abgeblühter Zweige, Stutzen der Sträucher und bei ähnlichen Arbeiten.

Nachdem er so das Okulieren der Rosen beendet hat, merkt der Gärtner, dass er die ausgetrocknete und verhärtete Erde wieder auflockern sollte. Das wird ungefähr sechsmal im Jahre gemacht, und jedesmal entfernt der Gärtner eine Unmenge Steine und anderen Unrat aus der Erde. Diese Steine entstehen anscheinend aus irgendwelchen Samen oder Eiern oder steigen beständig aus geheimnisvollen Erdtiefen herauf; vielleicht schwitzt die Erde sie irgendwie aus. Der Garten- oder Kulturboden, auch Humus oder Muttererde genannt, besteht aus bestimmten Ingredienzien: aus Erde, Dünger, verfaulten Blättern, Torf, Steinen, Scherben von Biergläsern, zerbrochenen Schlüsseln, Nägeln, Drähten, Knochen, altertümlichen Pfeilspitzen, Stanniol von Schokolade, Ziegeln, alte Münzen, alte Pfeifen, Glasscherben, Spiegeln, alte Namensschildchen, Blechgefäße, Bindfäden, Knöpfe, Schuhsohlen, Hundekot, Kohle, Topfhenkel, Waschschüsseln, Wischtüchern, Flaschen,

Kannen, Schnallen, Hufeisen, leere Konservenbüchsen, Isolatoren, Stücke von Zeitungen und unzähligen anderen Dingen die der überraschte Gärtner bei jedem Auflockern aus seinen Beeten zutage fördert. Vielleicht gräbt er einmal unter seinen Tulpen einen amerikanischen Ofen, Attilas Grab oder die Sibyllinischen Bücher aus; im Kulturboden kann man alles finden.

Aber die Hauptsorge im Juli bleibt das Gießen und Bewässern des Gartens. Benutzt der Gärtner die Gießkanne, zählt er die gefüllten Kannen, so wie der Autofahrer die Kilometer. »Uff«, stöhnt er mit dem Stolz eines Rekordhalters, »heute habe ich fünfundvierzig Kannen geschleppt.« Wenn ihr wüsstet, was das für eine Wohltat ist, wenn das kühle Wasser auf den ausgetrockneten Boden rieselt; wenn gegen Abend auf den Blüten und Blättern, die Wassertropfen funkeln; wenn der ganze Garten feucht und erleichtert aufatmet, gleich einem durstigen Wanderer. »Aha«, seufzt der Wanderer, sich das Nass vom Barte wischend, »Himmel, war das ein Durst. Wirt, noch eins!« Und gleich holt der Gärtner noch eine Kanne gegen diesen julimäßigen Durst.
Mit einem Wasseranschluss und einem Schlauch kann man allerdings schneller und großzügiger begießen; in verhältnismäßig kurzer Zeit beregnet man nicht nur die Beete und den Rasen, sondern auch die Familie des Nachbarn, die gerade draußen ihr Abendbrot isst, die Fußgänger auf der Straße, das Innere des Hauses, alle Familienmitglieder und am ausgiebigsten sich selbst. So ein Wasserstrahl aus dem Gartenschlauch hat eine erstaunliche Wirkung, fast so wie ein Maschinengewehr: Augenblicklich kann man damit ein Loch in die Erde bohren, die Stauden abmähen und Zweige aus den Baumkronen schießen. Außerordentlich erfrischend ist es, mit dem Schlauch gegen den Wind zu spritzen; das ist geradezu eine Wasserkur, so durch und durch nass wird man.
Einen besonderen Gefallen findet der Schlauch daran, irgendwo in der Mitte ein Loch zu haben, da, wo man es am wenigsten vermutet. Dann steht man wie ein Wassergott inmitten der aufschießenden Strahlen, zu Füßen die zusammengerollte Seeschlange: ein wahrlich überwältigender Anblick! Ist man sodann bis auf die Haut durchnässt, erklärt man zufrieden, der Garten habe nun genug, und geht ins Haus, um die Kleider

zu wechseln. Aber der Garten sagt bloß »Uff«, saugt gelassen die Fontäne ein und ist wieder trocken und durstig wie zuvor.

Die deutsche Philosophie behauptet, die grobe Wirklichkeit sei nur das, was ist, während das höhere, sittliche Gesetz »das Sein-Sollende« ist. Der Gärtner erkennt besonders im Juli dieses höhere Gesetz an; er weiß sehr gut, was sein sollte. »Es sollte regnen«, sagt der Gärtner in seiner eindeutigen Art.

Das ist nun einmal so: Wenn die sogenannten lebensspendenden Sonnenstrahlen auf über 50 Grad Celsius steigen, das Gras gelb wird, die Blätter vertrocknen und von Durst und Hitze die Zweige verdorren, wenn die Erde aufreißt, steinhart wird oder in brennendheißen Staub zerfällt, geschieht in der Regel folgendes:

l. platzt der Schlauch, so dass der Gärtner nicht sprengen kann,

2. gibt es eine Störung im Wasserwerk, so dass überhaupt kein Wasser fließt.

Dann ist man, wie man so sagt, gänzlich aufgeschmissen. In einer solchen Zeit netzt der Gärtner die Erde vergeblich mit seinem Schweiß; stellt euch nur vor, wie er schwitzen müsste, damit es, sagen wir mal, wenigstens für einen kleinen Rasen reichen würde. Auch schimpfen, fluchen, lästern und wütend ausspucken hilft da nichts, selbst wenn man zu jedem Spucken in den Garten hinausliefe (jeder Tropfen Feuchtigkeit ist kostbar!). Dann also nimmt der Gärtner zu jenem höheren Gesetz seine Zuflucht und sagt fatalistisch:

»Es sollte regnen!«

»Und wohin fahren Sie in diesem Sommer?«

»Ach, das ist unwichtig, regnen sollte es.«

»Was sagen Sie zum Rücktritt des Finanzministers?«

»Ich sage: Regnen sollte es.«

Mein Lieber, wenn man sich so einen schönen Novemberregen vorstellt: vier, fünf, sechs Tage lang rauscht der Regen in kühlen Fäden nieder; es ist grau und nasskalt, das Wasser dringt in die Schuhe, platscht unter den Füßen und die Feuchtigkeit dringt bis in die Knochen … Wie gesagt, regnen sollte es.

Rosen und Phlox, Helenium und Mädchenauge, Taglilie, Gladiolen, Glockenblumen und Eisenhut, Glockenwurz, wilder Rosmarin und Margerite – Gott sei Dank, sie blühen noch alle, trotz der schlechten Wetterbedingungen. Immerfort blüht und verblüht etwas. Ständig muss man verblühte Stängel abschneiden und brummt dabei (zur Blume gewandt, keineswegs zu sich selbst): »Nun bist du auch schon hinüber!« Seht nur, diese Blumen, ähneln sie nicht den Frauen, so anmutig und elegant wie sie sind? Man kann sich an ihnen nicht sattsehen, und dennoch sieht man niemals ihre ganze Schönheit, etwas entgeht einem immer. Mein Gott, jede Schönheit ist so unbegreifbar. Aber sobald sie beginnen zu verblühen, wie soll ich sagen, da halten sie schon nichts mehr auf sich (ich spreche von den Blumen), und wenn man grob sein wollte, würde man sagen, dass sie richtig schlampig aussehen. Ach, wie schade, du liebliche Schöne (ich spreche von den Blumen), wie schade, dass die Zeit so rasch verrinnt; die Schönheit vergeht und nur der Gärtner besteht.

Des Gärtners Herbst beginnt schon im März: mit dem ersten verblühten Schneeglöckchen.

 ## Mein Garten im Juli

Im Rosenmonat hat der Garten großen Durst:
wässern, wässern – und düngen.

Das erste Obst ist da: Kirschen, eventuell auch Pfirsiche
können geerntet werden; und natürlich sind weiterhin
Beeren zu pflücken.

Gegen Monatsende sind Salat, Radieschen, Bohnen,
Gurken, Frühkartoffeln, Kläräpfel … zu ernten.

Sind die Vogelnester in den Hecken endgültig verwaist,
können Buchs-, Thuja- und die laubabwerfenden Hecken
geschnitten werden.

Die Rosen- und die Rasenpflege ist nicht zu vernachlässigen.

 *Merkliste und Notizen*

Bekanntlich unterscheidet man eine Glazial- und eine Steppenflora, eine arktische, pontische, Mittelmeer-, subtropische und Sumpfflora und viele andere mehr; und zwar einerseits nach dem Ursprung und andererseits nach dem Ort, wo sie vorkommt und gedeiht.

Wenn ihr euch nur ein wenig für Pflanzen interessiert, werdet ihr bemerken, dass in den Kaffeehäusern eine andere Vegetation gedeiht als zum Beispiel in den Metzgereien; dass bestimmte Arten und Gattungen besonders gut auf den Bahnhöfen und andere wieder bei den Streckenwärtern wachsen. Vielleicht ließe sich durch eingehende vergleichende Studien beweisen, dass hinter den Fenstern der Katholiken eine andere Flora gedeiht als hinter denen der Ungläubigen, während im Schaufenster eines Kurzwarengeschäftes tatsächlich nur künstliche Blumen prangen. Da aber die botanische Topographie sozusagen noch in den Windeln liegt, halten wir uns an einige genau definierte, wichtige botanische Gruppen.

l. *Die Bahnhofsflora* wird in zwei Unterklassen eingeteilt: in die Vegetation am Bahnhof und in die im Garten des Herrn Bahnhofsvorstehers. Am Bahnsteig gewöhnlich in Hängekübeln, aber manchmal auch auf Gesimsen oder an den Bahnhofsfenstern, gedeihen besonders die große Kapuzinerkresse, ferner Lobelien, Geranien, Petunien und Begonien, auf Bahnhöfen höherer Kategorie manchmal auch Dracaenen aus der Familie der Liliengewächse. Die Bahnhofsflora zeichnet sich durch eine ungewöhnlich opulente und farbige Blütenpracht aus. Der Garten des Bahnhofsvorstehers ist botanisch weit weniger interessant; es kommen darin auch Rosen, Vergissmeinnicht, Stiefmütterchen, Lobelien, Geißblatt und andere soziologisch weniger unterschiedliche Arten vor.

2. *Die Eisenbahnflora* wächst in den Gärten der Streckenwärter. Dazu gehören besonders der Eibisch, den man auch Malve

nennt, die Sonnenblume, weiter die Kapuzinerkresse, Kletterrosen, Dahlien und manchmal auch Astern. Offensichtlich handelt es sich hier meist um Pflanzen, die über den Zaun hinauswachsen, vielleicht, um den vorüberfahrenden Lokomotivführern eine Freude zu machen. Die wilde Eisenbahnflora wuchert auf den Eisenbahndämmen. Zu ihr gehören besonders Heideröschen, Löwenmaul, Wollkraut, Natterwurz, Quendel und noch einige andere Eisenbahnarten.

3. *Die Metzgerflora* gedeiht in den Schaufenstern der Fleischerläden, zwischen zurechtgeschnittenen Lendenstücken, Keulen, Lammbraten und Würsten. Zu ihr zählen nur wenige Arten wie Aucuba, Asparagus sprengeri, der Kerzenkaktus und die Kugeldistel; manchmal sind in den Blumentöpfen der Metzgereien auch Araucarien und Schlüsselblumen zu bewundern.

4. *Zur Gasthausflora* gehören zwei Oleanderbäumchen vor der Eingangstür und die Apidistra auf den Fensterbänken; Gaststätten, welche die sogenannte Hausmannskost pflegen, haben an den Fenstern auch Cinerarien. In Restaurants wachsen sogar Dracaenen, Philodendren, großblättrige Begonien, Buntlippe, Fächerpalmen, Feigenbäume und überhaupt all jene Pflanzen, die anno dazumal die Berichterstatter großer Festbälle mit so treffenden Worten zu schildern pflegten, wie »die Estrade des Ballsaales versank im üppigen Grün tropischer Vegetation«. In den Kaffeehäusern selbst gedeiht nur die Schildblume; dafür wachsen auf den Kaffeehausterrassen häufig Lobelien, Petunien, Tradescantien, ja sogar Lorbeer und Efeu.

Soweit mir bekannt ist, gedeihen keine Pflanzen bei Bäckern, Büchsenmachern, in den Geschäften der Autohändler und der Anbieter landwirtschaftlicher Maschinen, bei Eisenwarenhändlern, Kürschnern, Papierhändlern, Hutmachern und vielen anderen Gewerben. An den Fenstern der Behörden gibt es entweder gar nichts oder rote und weiße Geranien. Die Behördenflora ist meistens völlig vom Willen und Wohlwollen des Amtsdieners oder des Amtsvorstehers abhängig. Außerdem richtet man sich nach einer gewissen Tradition: Während im Bereich der Eisenbahnen die üppigste Vegetation gedeiht, wächst in den Postämtern rein gar nichts. Die Büros in der freien Wirtschaft sind, was die Vegetation anbelangt, fruchtbarer als die der Behörden, unter denen insbesondere die Finanzämter die reinsten Wüsten darstellen. Eine botanische Kategorie eigener Art ist natürlich die Friedhofsflora und natürlich auch die Flora, die bei Festlichkeiten die Gipsbüste der Gefeierten umgibt; zu ihr gehören der Oleander, der Lorbeer, die Palme und im schlimmsten Fall die Aspidistra.

Was die allgemeine Fensterflora betrifft, sind zwei Gruppen zu unterscheiden: die arme und die reiche. Die ärmeren Leute haben gewöhnlich die schöneren Blumen; den Reichen gehen sie in der Regel ein, während sie im Sommer- oder Ferienhaus weilen.

Damit ist natürlich nicht einmal annähernd die botanische Vielfalt der verschiedenen Pflanzenfundorte erschöpft. Gern würde ich zum Beispiel einmal feststellen, welche Art von Menschen Fuchsien und welche die Passionsblume pflegen, welchen Beruf Kakteenzüchter haben und so weiter. Möglich, dass es eine besondere kommunistische Flora gibt oder eine Flora der Volkspartei. Groß ist der Reichtum in der Pflanzenwelt; jedes Gewerbe, ach was, jede politische Partei könnte ihre eigene Flora haben.

Schimpfe auf dich selbst,
nicht aber auf die Sonne,
wenn dein Garten nicht blüht.

Aus China

Die Pflanze gleicht eigensinnigen Menschen,
von denen man alles erhalten kann,
wenn man sie nach ihrer Art behandelt.
Ein ruhiger Blick, eine stille Konsequenz,
in jeder Jahreszeit, in jeder Stunde
das ganz Gehörige tun,
wird vielleicht von niemand mehr
als vom Gärtner erwartet.

Johann Wolfgang von Goethe

Der Gärtner
im August

Der August ist gewöhnlich die Zeit, in welcher der Gärtner seinen Wundergarten verlässt und in den Urlaub fährt. Zwar hat er das ganze Jahr über nachdrücklichst verkündet, dass er in diesem Sommer nirgends hinfahren werde, weil so ein Garten besser sei als jeder Ferienort, und er, der Gärtner, nicht so ein Trottel sein wolle, der sich auf der Bahn oder sonst wo herumdrücke. Nichtsdestoweniger entflieht auch er der Stadt, sobald es Sommer wird. Entweder ist bei ihm doch der Wandertrieb ausgebrochen, oder es geschieht der Nachbarn wegen, um nicht ins Gerede zu kommen … Natürlich fährt er nur schweren Herzens fort, voller Befürchtungen und Sorgen um seinen Garten, das heißt, er fährt nicht eher weg, bevor er nicht irgendeinen Freund oder Verwandten gefunden hat, dem er für diese Zeit seinen Garten anvertrauen kann.

»Schauen Sie«, sagt er, »es ist jetzt ohnehin im Garten nichts zu tun. Es genügt, wenn Sie alle drei Tage nach dem Rechten sehen, und falls etwas nicht in Ordnung sein sollte, schreiben Sie mir eine Karte, und ich komme gleich zurück. Also ich verlasse mich auf Sie. Wie gesagt, fünf Minuten genügen; nur ein bisschen nachschauen.«

Worauf er, seinen Garten dem so hilfsbereiten Mitmenschen ans Herz legend, wegfährt. Dieser Mitmensch bekommt schon am nächsten Tag einen Brief: »Ich vergaß völlig, Ihnen zu sagen, dass der Garten täglich begossen werden muss, am besten um fünf Uhr früh oder gegen sieben Uhr abends. Das ist weiter keine Arbeit, nur den Schlauch an den Wasseranschluss festschrauben und eine Stunde spritzen. Bitte, die Koniferen ganz ausgiebig begießen und natürlich den Rasen auch. Wenn Sie irgendwo ein Unkraut sehen, reißen Sie es bitte aus. Das wäre alles.«

Tags darauf: »Es ist schrecklich trocken, ich bitte Sie, geben Sie jedem Rhododendron ungefähr zwei Gießkannen abgestandenes Wasser, jedem

Nadelbaum fünf Kannen und den übrigen Bäumen ungefähr je vier Kannen. Die Stauden, die jetzt blühen, brauchen viel Wasser – schreiben Sie mir schnellstens, was alles blüht. Die verblühten Stängel müssen absgeschnitten werden! Es wäre gut, wenn Sie mit der Hacke alle Beete auflockern würden, der Boden atmet dann besser. Sollten auf den Rosen Blattläuse sein, kaufen Sie Tabakextrakt und besprühen Sie damit die Rosen, sobald Tau fällt oder nach dem Regen. Mehr muss man inzwischen nicht tun.«

Am dritten Tag: »Ich vergaß zu erwähnen, dass der Rasen geschnitten werden muss; mit der Maschine erledigen Sie das spielend, und was die Maschine nicht wegnimmt, schneiden Sie mit der Gartenschere ab. Aber Achtung! Nach dem Mähen muss das Gras gut ausgerecht und dann mit dem Besen abgekehrt werden! Sonst wird der Rasen kahl! Und gießen, viel gießen!«

Am vierten Tag: »Wenn es ein Gewitter geben sollte, laufen Sie bitte und sehen rasch in meinem Garten nach. Ein heftiger Platzregen verursacht manchmal Schäden; es ist daher gut, gleich zur Stelle zu sein. Sollte sich an den Rosen Mehltau zeigen, bestreuen Sie sie noch beim Morgentau mit Schwefelblüte. Die hohen Stauden binden Sie an die Stöcke fest, damit sie der Wind nicht knickt. Hier ist es herrlich, es gibt eine Menge Pilze und eine schöne Badegelegenheit. Vergessen Sie nicht, täglich den Weinstock beim Haus zu gießen, der hat es dort sehr trocken. Heben Sie mir in einer Tüte die Samen vom Isländischen Mohn auf. Ich hoffe, Sie haben den Rasen geschnitten. Sonst brauchen Sie nichts zu tun, nur die Ohrwürmer vernichten.«

Am fünften Tag: »Ich sende Ihnen ein Kistchen mit Blumen, die ich hier im Wald ausgegraben habe. Es sind verschiedene Knabenkräuter, wilde Iris, Kuhschelle, Immergrün, Lungenkraut, Windröschen und andere. Sobald das Päckchen ankommt, öffnen Sie es gleich, benetzen Sie die Pflanzen und pflanzen Sie sie irgendwo an einem schattigen Plätzchen in meinem Garten ein. Geben Sie auch Torf und Lauberde dazu! Sofort einpflanzen und dreimal täglich begießen!!! Bitte, schneiden Sie die Wasserreiser an den Rosenstöcken ab!«

Am sechsten Tag: »Ich sende Ihnen per Express einen Korb mit Blumen aus Wald und Feld … Sofort einpflanzen … In der Nacht sollten Sie mit einer Leuchte in den Garten gehen und die Schnecken vernichten. Es wäre gut, die Wege vom Unkraut zu befreien. Ich hoffe, dass die Aufsicht über meinen Garten Sie nicht zuviel Zeit kostet und Sie dort angenehme Stunden verbringen.«

Der hilfsbereite und verantwortungsbewusste Mitmensch gießt inzwischen, schneidet das Gras, lockert auf, jätet, läuft mit den angekommenen Pflanzen herum und sucht, wo, zum Teufel, er sie einsetzen könnte; er ist total verschwitzt und von Kopf bis Fuß verdreckt. Mit Schrecken bemerkt er, dass hier ein Strauch welkt, dort ein paar Blumenstängel geknickt sind, da der Rasen gelb zu werden beginnt und der ganze Garten wie verbrannt aussieht. Er verflucht den Augenblick, in dem er sich diese Last aufgebürdet hat, und fleht zum Himmel, es möge rasch Herbst werden.

Indessen denkt der Gärtner in seinen Ferien voller Unruhe an seine Blumen und den Rasen, schläft schlecht, schimpft, dass ihm der freundliche Mitmensch nicht täglich einen Bericht über den Zustand seines Gartens liefert, und zählt die Tage bis zu seiner Rückkehr, wobei er täglich eine Kiste mit Feld-, Wald- und Wiesenblumen und einen Brief mit etwa zwölf dringenden Aufträgen abschickt. Endlich kehrt er zurück, stürmt, noch mit den Koffern in der Hand, in seinen Garten und sieht sich mit feuchten Augen um … »So ein fauler Sack, so ein Trottel, dieser Schweinehund!«, denkt er erbittert, »der hat meinen Garten zugrunde gerichtet!«

»Ich danke Ihnen«, sagt er trocken zum Mitmenschen und packt, wie ein leibhaftiger Vorwurf, den Schlauch, um den vernachlässigten Garten zu bespritzen. (»Dieser Blödian!«, denkt er in der Tiefe seiner Seele, »dem werde ich noch einmal etwas anvertrauen! Solang ich lebe, werde ich nicht noch einmal so verrückt sein und in die Ferien fahren!«)

Was die in den Ferien entdeckten Wildblumen betrifft, so gräbt der fanatische Gärtner sie irgendwo aus, um sie seinem Garten einzuverleiben. Schwieriger geht es mit den anderen Naturobjekten. »Verdammt«, denkt der Gärtner beim Betrachten des Matterhorns, »wenn ich diesen Berg in meinem Garten hätte und das Stückchen Urwald dort mit den Baumriesen, und diese Lichtung und hier den Gebirgsbach, oder noch lieber diesen See. Diese tausendjährige Linde dort möchte ich haben. Der antike Springbrunnen würde großartig bei mir wirken. Ein Rudel Hirsche wäre nicht schlecht …«

Wenn es irgendwie möglich wäre, einen Pakt mit dem Teufel zu schließen, der dem Gärtner jeden Wunsch erfüllen würde, dann würde ihm der Gärtner seine Seele verkaufen. Aber der arme Teufel müsste diese Seele wohl verdammt teuer bezahlen. »Du elender Kerl«, würde er schließlich sagen, »bevor ich mich derartig abrackere, ziehe lieber in den Himmel – dort gehörst du sowieso hin.« Und wütend mit dem Schweif wedelnd, so dass er dadurch die Blüten des Mutterkrauts und der Sonnenbraut eine nach der andern abmäht, ginge er seines Weges und ließe den Gärtner samt seinen unbescheidenen und unersättlichen Wünschen stehen.

Vergesst nicht, dass ich von den Hausgärtnern rede und nicht von den Obst- und Kohlgärtnern. Der Obstgärtner soll sich getrost über seine Äpfel und Birnen freuen und der Gemüsegärtner über seine überlebensgroßen Kohlrabi, Kürbisse und Sellerie außer sich geraten. Der wahre Gärtner spürt in allen Knochen, dass der August bereits ein Wendepunkt ist. Was noch blüht, will nun rasch verblühen; jetzt kommt noch die Zeit der Herbstastern und Chrysanthemen, und dann – gute Nacht! Aber, aber, auch du, leuchtende Flammenblume, Pfarrhausblümchen, du, goldener Gilbweiderich und du Goldrute, goldene Kupferblume, goldene Heliopsis, strahlende Sonnenblume, ihr und ich, wir geben noch nicht nach, nein, noch nicht! Das ganze Jahr lang ist es Frühling und das Leben bleibt immer jung; immerfort blüht etwas. Man sagt nur so, es sei Herbst; inzwischen blühen wir mit andern Blumen, wachsen und bilden neue Triebe. Es gibt immer viel zu tun. Nur jene, die ihre Hände in den Hosentaschen lassen, sagen, es wende sich zum Schlimmeren. Aber wer blüht und Früchte trägt, und wäre es auch im November, weiß nichts vom Herbst, kennt nur den goldenen Sommer, weiß nichts vom Welken, kennt nur das Blühen. Meine schöne Herbstaster, geliebter Mensch, das Jahr ist so lang, dass es fast kein Ende nimmt.

Mein Garten im August

Auch im Ferienmonat gibt es im Garten keinen Urlaub.
Neben der Versorgung mit Wasser ist noch manches mehr zu tun:

❦

Zwischen den Blumen achtsam die Erde lockern, Unkraut entfernen.
Stiefmütterchen einpflanzen.

❦

Pflanzen, die überwintern sollen, nicht mehr düngen.

❦

Zu prüfen ist, welche Pflanzen nach einem kräftigen Rückschnitt
noch einmal blühen können.

❦

Zwiebeln werden erntereif.

❦

Soll in diesem Jahr noch Feldsalat geerntet werden,
dann sollte er bis zum Monatsende ausgesät werden.

❦

Erdbeeren zeitig einpflanzen. Petersilie aussäen.

❦

Zahlreiche Obstsorten können geerntet werden. Falls noch nicht
geschehen: Steinobst-Bäume auslichten und, falls vorhanden und
gewünscht, jetzt den Walnussbaum beschneiden.

❦

Hecken schneiden.

 # Merkliste und Notizen

Von den Kakteenzüchtern

Wenn ich sie Eigenbrötler und Sektierer nenne, so geschieht es nicht deshalb, weil sie mit großem Eifer Kakteen züchten; diesen Tatbestand kann man als Leidenschaft, Marotte oder Manie bezeichnen. Das Wesen einer Sekte besteht nicht darin, etwas mit Eifer zu tun, sondern darin, an etwas leidenschaftlich zu glauben. Es gibt Kakteenzüchter, die an Marmorpulver glauben, während andere vom Ziegelpulver und wieder andere von der Wirkung der Holzkohle überzeugt sind. Die einen sind fürs Begießen, die andern verwerfen es. Es gibt einige tiefere Geheimnisse der echten Kakteenerde, die kein Kakteenzüchter verraten wird, selbst wenn man ihn aufs Rad flechten würde. Alle diese Sekten, Bräuche, Riten, Schulen, Logen sowie auch alle wilden und exzentrischen Kakteenzüchter schwören darauf, nur mit Hilfe ihrer Methode so wunderbare Resultate zu erzielen. »Sehen Sie sich mal diesen Echinocactus myriostigma an. Haben Sie schon jemals bei irgend jemand einen solchen Echinocactus myriostigma gesehen? Ich sage es Ihnen, aber nur unter der Bedingung, dass Sie es niemandem verraten: Man darf ihn nicht begießen, sondern nur übersprühen. So!« – »Wie bitte?«, ruft ein anderer Kakteenzüchter. »Wer hat schon jemals gehört, dass man einen Echinocactus myriostigma übersprühen darf? Wollen Sie, dass er sich den Kopf verkühlt? Oho, mein Lieber, falls Sie nicht wünschen, dass Ihr Echinocactus glatt verfault, dürfen Sie ihn nur so befeuchten, dass Sie ihn samt Blumentopf einmal wöchentlich in weiches, 23,789 Grad Celsius warmes Wasser stellen. Dann wächst er wie verrückt.« – »Um Himmels willen«, schreit der dritte Kakteenzüchter auf, »seht euch diesen Mörder an! Wenn Sie den Blumentopf ins Wasser stellen, überzieht er sich mit Grünalgen, der Boden wird sauer, und Sie können einpacken mit Ihrer Weisheit, jawohl, einpacken! Außerdem bekommt Ihr Echinocactus myriostigma die

Wurzelfäule. Wollen Sie vermeiden, dass die Erde sauer wird, müssen Sie ihn tagsüber mit destilliertem Wasser gießen, und zwar so, dass auf einen Kubikmeter Erde 0,111111 Gramm Wasser kommt, das genau um einen halben Grad wärmer ist als die Luft.« – Woraufhin alle drei Kakteenzüchter gleichzeitig losbrüllen und ihre Dogmen mit Fäusten, Zähnen, Füßen und Krallen austauschen. Aber wie es nun einmal auf dieser Welt ist, die eigentliche Wahrheit kommt auch dadurch nicht ans Licht.

Eines ist allerdings wahr: Kakteen verdienen diese besondere Leidenschaft, und zwar schon deshalb, weil sie so geheimnisvoll sind. Eine Rose ist schön, aber sie ist nicht geheimnisvoll. Zu den geheimnisvollen Pflanzen gehören die Lilie, der Enzian, das Knabenkraut, der Baum der Erkenntnis, uralte Bäume überhaupt, einige Pilze, Mandragora, die Goldfarne, Eispflanzen, Gift- und Heilkräuter, Wasserrosen, die Mittagsblumen und die Kakteen.

Worin das Geheimnisvolle liegt, sage ich euch nicht; das Geheimnis muss einfach angenommen werden, damit wir es finden und uns ihm demütig beugen. Es gibt Kakteen, die ähneln Meerigeln, Gurken und Kürbissen, Leuchtern, Krügen, dem Barett eines Priesters und Schlangennestern; solche, die mit Schuppen, Saugnäpfen, Haaren, Häkchen, Warzen, Stacheln, Krummsäbeln und Sternchen bedeckt sind; ferner solche, die rundlich oder schlank sind, struppig wie ein Trupp Lanzenträger, schneidig wie ein Zug Säbelschwinger, aufgequollen, holzig und runzelig sind, mit Ausschlag gezeichnete, bärtige, mürrische, brummige, sauertöpfische, wie ein Drahtverhau stachlige, wie ein Korb geflochtene und solche, die wie Geschwülste, Tiere oder Waffen aussehen. Kakteen sind die männlichsten aller samentragenden Pflanzen, die am dritten Tage erschaffen wurden. (»Na, da staune ich aber«, sagte der Schöpfer und wunderte sich selber über das, was er da erschaffen hatte.) Man kann sie lieben, ohne sie unanständig zu berühren, zu küssen oder an die Brust zu drücken; sie halten nichts von Intimitäten und anderen Frivolitäten. Sie sind hart wie Stein, bis an die Zähne bewaffnet, entschlossen, sich nicht zu ergeben. Mach, dass du weiterkommst, Bleichgesicht, oder ich schieße! So eine kleine Kakteensammlung sieht aus wie ein Lager von Zwergkriegern. Hacken wir diesem Krieger den Kopf oder die Hand ab, wächst daraus ein neuer, Schwerter und Dolche schwingender Krieger hervor. Das Leben ist ein Kampf.

Aber es gibt geheimnisvolle Augenblicke, wo dieser trotzige und empfindliche Dickkopf ein wenig träumt und sich vergisst; dann bricht eine Blüte aus ihm hervor, eine große, leuchtende, fürstliche Blüte unter den gezückten Waffen. Es ist eine große Gnade und Seltenheit, die zu erleben nicht jedem vergönnt ist. Ich sage euch, der Mutterstolz ist nichts gegen die Überheblichkeit und Selbstgefälligkeit eines Kakteenzüchters, der einen blühenden Kaktus besitzt.

In der Enge unseres heimatlichen Gartens
kann es mehr Verborgenes geben
als hinter der Chinesischen Mauer.

Antoine de Saint-Exupéry

Die Blumen des eigenen Gartens
duften nicht so stark,
wie die wilden Blumen;
dafür halten sie länger.

Aus Japan

Dass Keime nicht zum Blühen kommen –
ach, das kommt vor!
Dass Blüten zu Früchten werden –
ach, das kommt vor.

Len Yu

Der Gärtner
im September

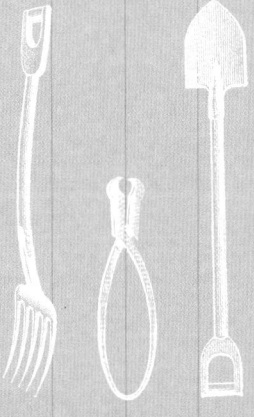

Auf seine Art – vom Standpunkt des Gärtners – ist der September ein dankbarer und ausgezeichneter Monat. Nicht nur deshalb, weil die Goldruten, die Herbstastern und die indischen Chrysanthemen blühen, nicht nur euretwegen, schwere und bezaubernde Dahlien. So wisset denn, ihr Ungläubigen: Der September ist der auserlesene Monat für alles, was zum zweiten Mal blüht; er ist der Monat der zweiten Blüte, der Monat der reifenden Rebe. Das sind die geheimnisvollen Vorzüge dieses Monats September, die einen tieferen Sinn haben. Außerdem ist er der Monat, in dem sich die Erde wieder öffnet, so dass wir wieder einpflanzen können! Jetzt muss das in die Erde kommen, was bis zum Frühjahr Wurzeln fassen soll; wieder eine Gelegenheit für uns Gärtner, alle Gärtnereien abzuklappern, ihre Kulturen zu begutachten und neue Schätze für das kommende Frühjahr auszusuchen. Das bietet auch die Möglichkeit, gleichsam den Jahreskreis zu unterbrechen und den Fachleuten unser Lob auszusprechen.

Der Großgärtner oder Züchter ist gewöhnlich ein Mann, der weder trinkt noch raucht, mit einem Wort ein Mann der Tugend. In der Geschichte ist er weder durch hervorragende Verbrechen noch durch kriegerische oder politische Taten berühmt geworden. Sein Name wird durch irgendeine neue Rose, Dahlie oder eine neugezüchtete Apfelsorte verewigt. Dieser Ruhm – der für gewöhnlich anonym bleibt oder sich hinter einem andern Namen verbirgt – genügt ihm. Durch ein seltsames Spiel der Natur pflegt er gewöhnlich ein dicker und kräftiger Mensch zu sein, vielleicht um dadurch einen auffälligeren Gegensatz zur zarten, filigranen Anmut der Blumen zu bilden; oder hat ihn die Natur zum Ebenbild der Kybele gemacht, um seine freigebige Vaterschaft zu veranschaulichen? Wenn so ein Züchter mit dem Finger in seinen Blumentöpfen herumwühlt, ist es fast so, als ob er seinen kleinen Pfleglingen die Brust reiche. Er verachtet die Gartenarchitekten, die ihrerseits wiederum die Züchter für Kohlgärtner halten. Ihr müsst wissen, dass die Züchter ihre Arbeit nicht als ein Gewerbe betrachten, sondern als eine Wissenschaft oder Kunst. Es ist geradezu niederschmetternd, wenn sie von einem Konkurrenten behaupten, er sei ein guter Geschäftsmann. Zum Blumenzüchter geht man nicht wie zu einem Kurzwaren- oder Eisenwarenhändler, um ihm zu sagen, was man kaufen wolle, zu bezahlen und wieder seines Weges zu gehen. In die Gärtnerei geht man auf einen Plausch, um zu fragen, wie dieses und jenes heißt, um mitzuteilen, dass die Hutchinsia, die man im Vorjahr gekauft hat, gut gedeihe; zu jammern, dass die Mertensia sehr gelitten habe, und zu betteln, der Gärtner möge zeigen, was er Neues habe. Man soll mit ihm debattieren, ob die Rudolf Göthe oder die Emma Bedau (das sind kleine Astern) besser seien, und auch mit ihm streiten, ob die Gentiana clusii lieber Lehm oder Torf mögen.

Nach solchen und vielen anderen Gesprächen sucht man sich ein neues Steinkraut aus (Ach, wo setze ich das nur hin?), einen Rittersporn (den eigenen hat der Mehltau arg zugerichtet) und einen Blumentopf, über den man sich mit dem Züchter nicht einigen kann, was eigentlich drin ist. Nachdem man so einige Stunden mit dieser lehrreichen und anspruchsvollen Unterhaltung verbracht hat, bezahlt man dem Mann, der kein Geschäftsmann ist, zwei oder drei Euro, und fertig. Und doch sieht so ein Züchter euch Quälgeister lieber als die Herrschaften, die mit dem Auto angestunken kommen und ihn beauftragen, sechzig Arten»der besten, aber wirklich nur der allerbesten Blumensorten« auszuwählen.

Jeder Züchter schwört, dass er in seinem Garten ganz elenden Boden habe, dass er ihn nie dünge oder begieße noch die Beete während des Winters abdecke; wahrscheinlich will er damit sagen, dass seine Blumen aus purer Neigung zu ihm so gut gedeihen.

Etwas ist schon daran, denn bei der Gärtnerei muss man entweder eine glückliche Hand oder eine gewisse höhere Gnade haben. Der echte Gärtner braucht nur ein Blatt in die Erde zu stecken, damit irgendeine beliebige Blume daraus wachse, während wir Laien uns mit den Sämlingen abmühen, sie befeuchten, sie anhauchen, mit Horn- oder Kindermehl füttern, und zum Schluss vertrocknet und vergilbt uns das Zeug trotzdem. Ich glaube, es sind dabei irgendwelche Zaubereien im Spiel, ähnlich wie in der Jagd und in der Medizin.

Eine neue Art zu züchten, das ist der geheime Traum eines jeden passionierten Gärtners. Ja, mein Lieber, wenn bei mir so ein gelbes Vergissmeinnicht wüchse, oder ein vergissmeinnichtblauer Mohn, oder ein weißer Enzian – was, der blaue sei schöner? Das ist gleichgültig; aber weißen Enzian hat es noch nie gegeben. Und dann, müsst ihr wissen, ist man auch bei den Blumen ein wenig Chauvinist; wenn im weltweiten Vergleich eine einheimische Rose den Sieg über eine amerikanische Independence Day oder eine französische Herriot davontrüge, da würden wir uns vor Stolz aufplustern und vor Freude fast zerspringen.

Ich rate euch aufrichtig: Wenn ihr in eurem Garten einen kleinen Hang oder eine Terrasse habt, legt euch einen Steingarten an. Ein Alpinum ist vor allem dann sehr schön, wenn es mit den Kissen des Steinbrechs, des Steinkrauts, der Gänsekresse und mit anderen wunderschönen Gebirgsblümchen bewachsen ist. Außerdem ist das Anlegen eines Steingartens eine interessante und fesselnde Arbeit. Ein Mensch, der ein Alpinum baut, fühlt sich wie ein Zyklop, wenn er sozusagen mit elementarer Kraft Fels auf Fels türmt, Hügel und Täler baut, Berge versetzt und Klippen errichtet. Hat er dann, halb gelähmt im Kreuz, sein gigantisches Werk vollendet, stellt er fest, dass es etwas anders aussieht als das romantische Gebirge, das er sich vorgestellt hat, und seine Schöpfung eher einem Schutt- und Steinhaufen gleicht. Doch lasst euch nicht entmutigen, denn innerhalb eines Jahres verwandeln sich diese Steine in das allerschönste Gartenbeet, auf dem winzige Blüten leuchten und das mit den schönsten Blumenkissen bewachsen ist; und die Freude wird riesig sein. Ich rate euch, legt einen Steingarten an!

Es lässt sich nicht mehr leugnen: Der Herbst ist da. Man erkennt es an den blühenden Herbstastern und Chrysanthemen, die nun in üppiger Fülle blühen, ganz ohne großes Trara – eine Blüte wie die andere, aber welche Pracht! Ich sage euch, dieses Aufblühen des reifen

Alters ist viel mächtiger und leidenschaftlicher als die unruhigen und flüchtigen Regungen des jungen Frühlings! Es liegen der Verstand und die Folgerichtigkeit des reifen Menschen darin: wenn schon blühen, dann gründlich; und viel Honig tragen, damit die Bienen kommen. Was bedeutet schon ein welkendes Blatt neben dem üppigen Blühen des Herbstes! Seht ihr denn nicht, dass es kein Ermüden gibt?

Mein Garten im September

*Jetzt sind die Staudengärtner in ihrem Element
und die Gemüsegärtner bringen ihre Ernte ein.*

Im Blumenbeet vorsichtig säubern, nicht mehr düngen.

Stauden teilen, versetzen, einsetzen.
Zwiebeln und Knollen für die Frühjahrsblumen einsetzen.

Haupterntezeit auf den Gemüsefeldern.
Letzte Saatzeit für Endivien, Schnitt-, Feld- und Wintersalate.
Leere Beete mit Gründüngungspflanzen besäen und mulchen.

Abgeerntete Beerentriebe bis zum Boden zurückschneiden, mulchen.
Beeren- und Obstgehölze können eingepflanzt werden.

Kernobst, Pflaumen und Zwetschgen werden geerntet.
Kompost auf die Baumscheiben aufbringen, an den Stämmen
Klebegürtel befestigen.

Noch kann ein neuer Rasen angelegt werden.

Je nach Witterung Tomaten und andere empfindliche Pflanzen
nachts abdecken.

Merkliste und Notizen

117

Der Boden

Wenn meine Mutter, Gott hab' sie selig, in ihren jungen Jahren die Karten legte, flüsterte sie stets, wenn sie eine bestimmten Karte ablegte: »Auf was trete ich?« Damals konnte ich nicht begreifen, warum es sie so interessierte zu wissen, worauf sie trete. Erst viele, viele Jahre später begann es auch mich zu interessieren. Ich entdeckte nämlich, dass ich auf die Erde trete.

Der Mensch kümmert sich nicht wirklich darum, worauf er tritt, rennt wie ein Narr irgendwohin und sieht höchstens die schönen Wolken dort oben, den weiten Horizont oder die herrlich blauen Berge in der Ferne. Aber den Boden unter seinen Füßen beachtet er nicht; er schaut nicht die Erde unter seinen Füßen an, um lobend zu sagen, dass hier ein guter Boden sei. Du solltest ein Gärtchen so groß wie eine Handfläche haben, du solltest wenigstens ein Beet haben, um zu erkennen, worauf du eigentlich trittst. Dann, mein Lieber, würdest du bemerken, dass nicht einmal die Wolken so vielfaltig, so schön und abscheulich sind wie der Boden unter deinen Füßen. Du würdest den sauren, zähen, lehmigen, kalten, steinigen und elenden Boden unterscheiden lernen; würdest eine wie Lebkuchen lockere, wie Brot warme, leichte und gute Erde schätzen lernen und von ihr sagen, dass sie schön sei, so wie du es von den Frauen oder den Wolken sagst. Du würdest ein sonderbares, sinnliches Wohlbehagen verspüren, wenn dein Stock ellentief in die lockere und mürbe Erde hineinstieße oder wenn du einen Erdklumpen in der Hand zerbröckelst, um seine luftige und feuchte Wärme zu fühlen.

Hast du aber kein Verständnis für diese Schönheit, so möge dir das Schicksal zur Strafe ein paar Quadratmeter Lehmboden bescheren, einen Lehm wie Zement so schwer, echten Naturlehm, aus dem einen die Kälte nur so anweht, der sich unter deinem Spaten wie Kaugummi biegt, der in der Sonne zusammenbäckt und im Schatten

sauer wird; bösartigen, unnachgie-
bigen, schmierigen Lehm, glitschig
wie eine Schlange und trocken wie
ein Ziegelstein, undurchlässig wie
Blech und schwer wie Blei. Und
nun reiße ihn mit der Hacke aus-
einander, zerschneide ihn mit dem
Spaten, zerschlage ihn mit dem
Hammer, grabe ihn um und bear-
beite ihn, laut fluchend und jam-
mernd. Dann wirst du begreifen,
was die Feindschaft und die Er-
barmungslosigkeit der toten und
unfruchtbaren Materie bedeutet,
die sich wehrt, lebendiges Erdreich zu werden. Und du wirst begreifen, was für einen furchtbaren
Kampf alles Leben jeden Augenblick führen muss, um im Erdreich
Wurzel zu fassen, ob dieses Leben
nun Pflanze oder Mensch heißt.
Dann wirst du auch erkennen,
dass du dem Boden mehr geben
musst, als du von ihm nimmst;
du musst ihn beizen, mit Kalk
sättigen, mit Dung wärmen, ihn
mit leichter Asche durchmischen
und mit Luft und Sonne tränken.
Dann beginnt der zusammenge-
backene Lehm zu bröckeln, als

würde er leise atmen, weicht
unter dem Spaten leicht und
zuvorkommend aus, fühlt sich in
der Hand warm und nachgiebig
an; er ist zahm. Ich sage euch, ein
paar Quadratmeter Boden zu
zähmen ist ein großer Sieg. Jetzt
liegt er da, locker und feucht,
leicht zu bearbeiten. Am liebsten
möchte man ihn völlig zwischen
den Fingern zerbröckeln und
kneten, um sich des Sieges ganz
sicher zu sein; und man vergisst,
was man dort alles pflanzen
wollte. Genügt denn nicht schon
der Anblick dieses herrlichen,
dunklen, luftigen Bodens? Ist er
nicht schöner als ein Beet voller
Stiefmütterchen oder Möhren?
Fast wird man auf die Pflanzen
eifersüchtig, die sich dieses edlen
Menschenwerkes, Gartenerde
genannt, bemächtigen.
Von diesem Augenblick an wirst
du nicht mehr einfach über die
Erde gehen, ohne zu wissen,
worauf du trittst. Du wirst mit
der Hand und dem Stock jedes
Häuflein Erde, jede Ackerkrume
untersuchen, so wie ein anderer

Sterne, Menschen oder Veilchen betrachtet. Du wirst über die schwarze Erde in Begeisterung ausbrechen, verliebt die lockere Lauberde des Waldes zwischen den Fingern zerreiben, die dichte Rasenerde und die leichte Tonerde in der Hand wiegen. Mein Lieber, wirst du dann sagen, von der könnte ich eine Fuhre brauchen, und, Donnerwetter, ein Waggon voll mit dieser Lauberde würde auch guttun; und hier diesen Humus darüber verteilen, ein paar Kuhfladen und ein wenig Flusssand, und einige Schubkarren voll mit diesen vermoderten Baumstrünken, und da ein wenig Schlamm aus dem Bach, und dieser zusammengekratzte Mist von der Straße wäre auch nicht zu verachten, nicht wahr? Und dazu noch ein wenig Phosphat und Hornspäne; aber diese herrliche Ackerboden gefiele mir auch, Herrgott noch mal!

Es gibt Erde, so fett wie Speck, so leicht wie eine Feder, so locker wie Biskuit; es gibt helle und dunkle, trockene und feuchte Erde, und jede ist von anderer edler Art und Schönheit. Dagegen ist alles hässlich und nichtsnutzig, was klebrig, klumpig, nass, zäh, kalt, unfruchtbar ist und dem Menschen gegeben wurde, damit er die unerlöste Materie verfluche; das alles ist ebenso verwerflich wie die Kälte, Verstocktheit und Boshaftigkeit der menschlichen Seelen.

Es deutet die fallende Blüte dem Gärtner,
Dass die liebliche Frucht schwellend im Herbste gedeiht.

JOHANN WOLFGANG VON GOETHE

Wer Obst isst, soll an den denken,
der den Obstbaum gepflanzt hat;
wer Wasser trinkt,
soll an dessen Quelle denken.

AUS ASIEN

Jeder Gärtner lobt seine Rüben.

AUS FRANKREICH

Der Gärtner
im Oktober

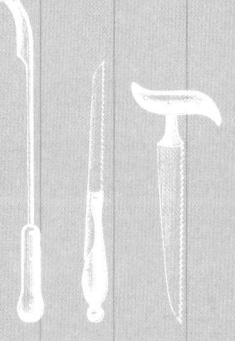

Man sagt Oktober und glaubt, die Natur trete ihren Winterschlaf an. Aber der Gärtner weiß es besser und wird euch sagen, dass der Oktober ein ebenso guter Monat ist wie der April. Ihr müsst wissen, der Oktober ist der erste Frühlingsmonat, der Monat des unterirdischen Sprießens und Keimens, des verborgenen Aufspringens der prall werdenden Knospen. Grabt nur ein wenig in der Erde nach, und ihr werdet starke Knospen, dick wie Daumen, zarte Keime und eifrige Wurzeln finden – da gibt es nichts zu deuten, *der Frühling ist da!* Gehe hinaus, Gärtner, und pflanze! (Aber gib Acht, dass du mit dem Spaten nicht die keimende Zwiebel einer Narzisse zerschneidest.)

Unter allen Monaten ist der Oktober der Monat des Einpflanzens und Umsetzens. Zeitig im Frühjahr steht der Gärtner über sein Beet gebeugt, aus welchem hier und da eine Knospenspitze hervorguckt, und sagt nachdenklich: »Da ist es ein wenig kahl und leer, ich werde noch etwas hersetzen müssen.« Einige Monate später steht der Gärtner vor demselben Beet, auf dem inzwischen zwei Meter hohe Stängel des Rittersporns, ein ganzer Dschungel Mutterkraut, ein Urwald aus Glockenblumen emporgeschossen sind, und sagt nachdenklich: »Da ist es ein wenig zu voll und dicht, ich werde Luft machen und die Pflanzen auseinandersetzen müssen.« – Im Oktober steht der Gärtner über das gleiche Beet gebeugt, aus dem hier und da ein trockenes Blatt oder ein kahler Stängel herausguckt, und sagt nachdenklich: »Da ist es ein wenig kahl und leer, ich werde hier etwas einpflanzen, vielleicht sechs Flammenblumen oder ein paar größere Astern.« Und das macht er dann auch. Das Leben des Gärtners ist erfüllt von Veränderungen und tatenreichem Schöpferwillen.

Mit innerer Genugtuung vor sich hin brummend, findet der Gärtner im Oktober in seinem Garten *kahle Stellen*. »Sapperlot«, sagt er sich,

»da ist wahrscheinlich etwas eingegangen, da werde ich gleich auf den leeren Platz etwas einpflanzen, vielleicht Goldrute oder lieber Wanzenkraut, das habe ich noch nicht. Am besten würde allerdings eine Astilbe aussehen; doch für den Herbst würde auch ganz gut das Pyrethrum uliginosum herpassen. Allerdings eine Gemswurz fürs Frühjahr wäre auch nicht übel. Halt, ich setze eine Goldmelisse ein – entweder Sunset oder Cambridge scarlet; übrigens eine Taglilie würde hier sehr gut wirken.« Worauf er grübelnd ins Haus geht; tief in Gedanken versunken fällt ihm ein, dass auch die Morina ein dankbares Gewächs sei, vom Mädchenauge ganz zu schweigen; selbst eine Betonica wäre nicht zu verwerfen. Dann bestellt er rasch in einer Gärtnerei Goldrute, Wanzenkraut, Scheingeißbart, Pyrethrum uliginosum, Gemswurz, Goldmelisse, Taglilie, Morina, Mädchenauge, Betonica und schreibt noch Ochsenzunge und Salbei dazu. Einige Tage lang ist er wütend, weil die Pflanzen immer noch nicht eingetroffen sind; doch dann bringt ihm der Postbote einen vollen Korb, woraufhin der Gärtner sich mit dem Spaten auf jene kahle Stelle stürzt. Mit dem ersten Spatenstich fördert er ein Wurzelknäuel zutage, auf dem sich oben ein ganzes Büschel Knospen drängt. »Himmel!«, stöhnt der Gärtner auf, »hier hatte ich ja die Trollblume hingesetzt!«

Ja, es gibt leidenschaftliche Gartenliebhaber, die in ihrem Garten alles haben wollen, was zu den achtundsechzig Gattungen der zweikeimblättrigen, zu den fünfzehn einkeimblättrigen und zu den zwei nacktsamigen Pflanzen gehört. Von den Kryptogamen wollen sie wenigstens alle Farne, denn mit dem Bärlapp und den Moosen ist es nicht einfach. Dagegen gibt es noch leidenschaftlichere Liebhaber, die ihr Leben einer einzigen Gattung weihen, die aber wollen und müssen sie in allen bisher gezüchteten und benannten Varietäten haben. So sind zum Beispiel die Zwiebelzüchter dem Kult der Tulpen, Hyazinthen, Lilien, Chionodoxen, Narzissen, Tazetten und anderen Zwiebelwundern ergeben. Dagegen huldigen die Primel- und Aurikelliebhaber ausschließlich den Schlüsselblumen, während sich die Anemonenzüchter dem Orden der Anemonen geweiht haben. Ferner die Irisianer oder auch Schwertlilianer, die vor Kummer sterben würden, wenn sie nicht alles hätten, was in die Gruppe Apogon, Pogoniris, Regelia, Onocyclus, Juno und Xiphium gehört, die Hybriden nicht mitgerechnet. Es gibt Delphinisten, die Rittersporn züchten, es gibt Rosenfanatiker oder Rosarianer, die nur mit Madame Druschki, Madame Herriot, Madame Caroline Testout, mit Herrn Wilhelm Kordes, Monsieur Pernet und vielen anderen Persönlichkeiten Umgang pflegen, deren Seelen als Rosen weiterleben. Es gibt Phloxisten oder Philophloxisten, die im August, wenn die Flammenblume blüht, laut die Chrysanthemanen verhöhnen, was ihnen diese im Oktober, wenn das Chrysanthemum indicum blüht, wieder heimzahlen. Man trifft melancholische Asternisten, welche die späten Astern allen Freuden des Lebens vorziehen. Die wildesten aller Leidenschaftlichen aber sind (von den Kaktusnarren abgesehen) die Dahlienzüchter oder Georgianer, die für eine neue amerikanische Dahlie schwindelerregende Summen, bis zu zwanzig Euro, bezahlen. Von all den hier Genannten haben nur die Zwiebelzüchter eine gewisse historische Tradition, ja sogar ihren Schutzpatron, und zwar den Heiligen Joseph, der bekanntlich eine weiße Madonnenlilie in der Hand hält, obzwar er sich heute schon eine Lilium brownii beschaffen könnte, die noch weißer ist. Dagegen kommt ein Heiliger mit einem Phlox oder einer Dahlie in der Hand nicht vor. Infolgedessen sind Menschen, die dem Kult dieser Blumen ergeben sind, Sektierer und gründen manchmal sogar ihre eigene Religion.

Warum sollten diese Kulte nicht ihre eigenen Heiligen haben? Stellt euch zum Beispiel das Leben des heiligen Georginus von Dahlien vor. Georginus war ein tugendhafter und frommer Gärtner, dem es nach vielem Beten gelang, die ersten Georginen zu züchten. Als jedoch der heidnische Kaiser Phloxinian davon erfuhr, entbrannte er in Zorn und sandte seine Häscher aus, den frommen Georginus gefangenzunehmen. »Du Kappesgärtner«, donnerte ihn Kaiser Phloxinian an, »jetzt wirst du dich vor den verblühten Phloxen verneigen!« »Das werde ich nicht tun«, erwiderte Georginus entschieden, »denn Georginen sind Georginen, aber Phlox bleibt nur Phlox!« »Hackt ihn in Stücke!«, brüllte der grausame Phloxinian. Und sie vierteilten den Heiligen Georginus von Dahlien, verwüsteten seinen Garten und bestreuten ihn mit Eisenvitriol und

Schwefel. Aber aus den zerhackten Gliedern des Heiligen Georginus bildeten sich die Knollen aller künftigen Georginen: der pfingstrosenartigen, der anemonenartigen, der einfachen, der kakteenartigen und sternartigen, der Mignons, Pompons oder Liliputaner, der Rosetten, Kolaretten und der Hybriden.

So ein Herbst ist eine überaus fruchtbare Zeit. Im Vergleich dazu ist der Frühling sozusagen ein wenig kleinlich. Der Herbst arbeitet gern in großem Maßstab. Hat man je erlebt, dass das Frühlingsveilchen zu drei Meter Höhe aufschießt, oder dass eine Tulpe wächst und wächst, bis sie die Bäume überragt? Na, sehen Sie! Dagegen kommt es vor, dass man im Frühjahr ein paar Herbstastern einpflanzt und bis zum Oktober ein zwei Meter hoher Urwald daraus wird, den man aus purer Angst nicht zu betreten wagt, weil man den Weg ins Freie nicht mehr finden könnte. Oder man setzt im April die Wurzel des Heleniums oder einer Sonnenblume in die Erde, und nun nicken ironisch die goldenen Blüten von oben herab, die man nicht einmal mehr mit der Hand erreicht, selbst wenn man sich auf die Fußspitzen stellt. Es passiert dem Gärtner immer wieder, dass er das Maß verliert. Deshalb versetzt der Gärtner im Herbst die Blumen; alljährlich schleppt er seine Stauden von einem Ort zum anderen, wie eine Katze ihre Jungen. Alljährlich sagt er zufrieden: »So, jetzt ist alles eingepflanzt und in Ordnung.« Im nächsten Jahr wird er genauso erleichtert aufatmen. Der Garten ist nie fertig. In dieser Beziehung gleicht der Garten der menschlichen Welt und allem menschlichen Tun.

Mein Garten im Oktober

Der »goldene« Monat ist die Zeit der letzten Ernten
und des Beginns der Vorbereitung auf den Winter.

⚜

Chrysanthemen und Erika bringen noch Farbe.
Hibiskus, Bougainvilleen, Zitrusfrüchte, Bananen und andere
empfindliche Kübelpflanzen ziehen ins Winterquartier.
Der Oleander fühlt sich im geschützten Winkel noch wohl.

⚜

Stauden zum größten Teil schneiden, einen kleinen Teil
als Schmuck und Insektenunterschlupf stehen lassen.

⚜

Auf erste Frostnächte achten und vorher Dahlien, Gladiolen, Tomaten
und andere empfindliche Pflanzen mit einem Gemüsevlies schützen.

⚜

Späte Obstsorten sind jetzt reif. Kiwi und Lagerobst nicht zu spät
ernten. Wurzelscheiben mit Kompost und Mulch versorgen.

⚜

Alle Kräuter abernten. Kohlrabi, Rote Bete, Radieschen
und letzte Tomaten ernten; gegen Monatsende auch Sellerie
und Knollenfenchel und Blumenkohl.

⚜

Zwiebeln einpflanzen.
Bis zum Frost können noch Gehölze eingesetzt werden.

Merkliste und Notizen

Von den Schönheiten des Herbstes

Ich könnte von der verschwenderischen Farbenpracht des Herbstes schreiben, von den beängstigenden Nebeln, den Seelen der Verstorbenen und den Erscheinungen am Himmel, von der letzten Aster und der letzten roten Rose, die noch aufblühen will, oder von den Lichtern in der Abenddämmerung, vom Duft der Friedhofskerzen, vom welken Laub und anderen stimmungsvollen Dingen. Aber noch lieber will ich eine andere Schönheit in unserem Herbst beschreiben und ihr Dasein loben. Es ist ganz schlicht die Rübe. Keine Feldfrucht kommt in so großen Mengen vor wie die Rübe. Das Korn fährt man in die Scheunen und die Kartoffeln in die Keller; aber die Rübe fährt man zu Haufen zusammen, sie türmen sich zu Bergen auf, wachsen zu Rüben-Gebirgszügen neben den ländlichen Bahnstationen. In endloser Prozession bringt Fuhre auf Fuhre die weißen Knollen herbei. Männer mit Schaufeln schichten sie von morgens bis abends zu immer höheren Haufen und ordnen sie hübsch zu geometrischen Pyramiden. Jede andere Feldfrucht käme auf allen möglichen Wegen schließlich unter ein häusliches Dach. Nur die Rübe wälzt sich in einem Strome: zu den nächsten Eisenbahngleisen, zur nächsten Zuckerfabrik. Es ist eine Ernte im großen Stil. Die Rübenbauern errichten ihre Rübenmieten wie kantige Monumentalbauten in fast architektonischer Manier. Ein Haufen Kartoffeln ist kein Bauwerk, aber ein Haufen Rüben, das ist kein Haufen mehr, sondern ein Gebäude. Ein Stadtmensch liebt Rübengegenden nicht besonders; aber jetzt im Herbst gewinnen sie geradezu etwas Monumentales. So eine riesige Rübenpyramide hat schon etwas Beeindruckendes. Sie ist das Monument der fruchtbaren Erde. Doch lasst mich ein Loblied auf die meist verschmähte Schönheit des Herbstes singen. Ich weiß, ihr habt keinen Acker und stapelt auch keine Rüben zu großen Haufen; aber habt ihr schon einmal den Garten gedüngt? Wenn eine Fuhre

Dünger angefahren wird und der warme, rauchende Berg aus Mist abgeladen wurde, geht man um ihn herum, schätzt ihn mit den Augen und der Nase ab und sagt anerkennend:

»Das ist ja ein Pracht-Dünger.«

»Ein schöner Dung«, sagt ihr, »aber ein bisschen zu leicht.«

»Zu viel Stroh«, nörgelt ihr unzufrieden, »und zu wenig Mist.«

Schert euch zum Teufel, ihr, die ihr euch die Nasen zuhaltet und einen weiten Umweg um diesen edlen und lockeren Haufen macht; ihr wisst nicht, was ein guter Dünger ist. Wenn dann die Beete bekommen, was sie brauchen, hat der Mensch das fast mystische Gefühl, er habe der Erde etwas Gutes getan.

So erschütternd ist der Anblick kahler Bäume nicht; sie sehen ein wenig aus wie Besen oder Ruten oder wie ein Gerüst, das für den Bau vorbereitet ist. Zittert aber auf so einem kahlen Baum das letzte Blatt im Winde, so ist es wie das letzte wehende Fähnlein auf dem Schlachtfeld, wie eine Flagge, die von einer Totenhand auf dem Felde der Gefallenen hochgehalten wird. Wir sind gefallen, ohne uns zu ergeben. Noch wehen unsere Farben.

Auch Götter haben ihre Saison. Im Sommer mag man Pantheist sein und sich für einen Teil der Natur halten; aber im Herbst kann sich der Mensch nur als Mensch fühlen. Auch wenn wir uns nicht das Zeichen des Kreuzes auf die Stirne zeichnen, kehren wir doch alle langsam zur Geburt des Menschen zurück.

Jedes Herdfeuer brennt zu Ehren der Hausgötter. Die Liebe zum Heim entspringt dem gleichen Bedürfnis wie die Verehrung irgendeiner Sternengottheit.

Der Gärtner
im November

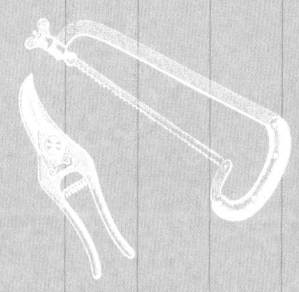

Ich weiß, es gibt viele schöne Berufe, zum Beispiel für Zeitungen zu schreiben, im Parlament abzustimmen, im Verwaltungsrat zu sitzen, Amtsakten zu unterschreiben. Obgleich das alles recht schön und verdienstvoll ist, macht man dabei weder eine gute Figur, noch nimmt man eine ähnlich monumentale, plastische, ja geradezu statuenartige Haltung ein wie der *Mann mit dem Spaten.* Steht ein Gärtner so auf seinem Beet, mit einem Fuß auf den Spaten gestützt, sich die schweißtriefende Stirn trocknend und »Uff!« stöhnend, so sieht er geradezu wie eine allegorische Statue aus. Es würde genügen, ihn samt den Wurzeln behutsam auszugraben, ihn auf einen Sockel zu stellen und mit der Aufschrift »Triumph der Arbeit« oder »Herr der Erde« oder so ähnlich zu versehen. Ich sage das deshalb, weil jetzt die Zeit dafür ist, nämlich fürs Umgraben.

Jawohl, im November soll man den Boden umgraben und auflockern; einen Spaten voll Erde davon auszuheben, erweckt ein ebenso reizvolles und genüssliches Gefühl, als hielte man einen vollen Schöpflöffel mit feinem Essen in der Hand. Ein guter Boden darf so wie ein gutes Essen weder zu fett noch zu schwer, weder zu kalt noch zu nass, auch nicht zu trocken oder zu klebrig, weder zu hart noch zu spröde, noch zu roh sein. Er soll wie Brot sein, wie Lebkuchen, wie Biskuit, wie Hefeklöße; er soll mürbe sein, aber nicht bröseln, er soll unter dem Spaten knistern, aber nicht matschen, er soll weder Schichten noch Klumpen, weder Fladen noch Knödel bilden, sondern er soll, wenn er mit vollem Spaten umgewendet wird, vor Wohlbehagen aufseufzen und in Scholle und Grieß zerfallen. Das ist ein durchgearbeiteter und edler Boden, tief und feucht, durchlässig, atmend und weich, kurzum ein guter Boden, so wie es gute Menschen gibt; und bekanntlich gibt es in diesem Tale der Tränen nichts Besseres als gute Menschen.

So wisse denn, du Gartenmensch, dass man in diesen Herbsttagen noch umpflanzen kann. Zuerst lockert man den Boden um einen Strauch oder einen Baum herum so tief als möglich auf, dann wird er mit dem Spaten vorsichtig von unten angehoben, wobei der Spaten gewöhnlich entzweibricht. Es gibt Menschen, hauptsächlich Kritiker und öffentliche Redner, die gerne von Wurzeln sprechen. So verkünden sie zum Beispiel, dass wir zu den Wurzeln zurückkehren sollen, irgendein Übel solle mitsamt der Wurzel ausgemerzt werden oder dass man bis zur Wurzel irgendeiner Sache vordringen müsse. Nun, ich möchte diese Neunmalklugen gern sehen, wenn sie, sagen wir mal, eine dreijährige Quitte mit den dazugehörigen Wurzeln ausgraben müssten. Ich wette, sie würden sich nach einigen Versuchen aufrichten, das Kreuz durchdrücken und dabei nur ein einziges Wort sagen. Und man kann Gift drauf nehmen, dass es das Wort »Verflucht!« wäre. Ich habe es nämlich mit den Quitten versucht und bestätige, dass die Arbeit mit den Wurzeln furchtbar schwer ist, und es daher vernünftiger ist, die Wurzeln dort zu lassen, wo sie sind. Sie wissen schon, warum sie so tief in der Erde sein wollen; fast möchte ich sagen, sie verzichten gern auf unsere Aufmerksamkeit. Besser ist es, die Wurzeln Wurzeln sein zu lassen und lieber den Boden zu düngen.

Ja, unbedingt den Boden verbessern. So eine Fuhre Mist ist am schönsten, wenn sie an einem frostigen Tage angefahren wird und wie ein Scheiterhaufen raucht. Steigt dann der Dunst bis zum Himmel empor, fängt da oben der, der alles versteht, zu schnuppern an und sagt: »Mhh, ist das ein schöner Dünger!« – Hier wäre nun Gelegenheit, vom geheimnisvollen Kreislauf des Lebens zu sprechen: Ein Pferd frisst sich mit Hafer voll und gibt ihn an die Nelken oder Rosen weiter, die dafür im nächsten Jahr unsern Herrgott mit so lieblichem Duft lobpreisen werden, dass es sich gar nicht beschreiben lässt. Nun, diesen lieblichen Geruch ahnt der Gärtner schon im dampfenden Misthaufen. Wie eine Naschkatze beschnuppert er ihn und breitet die Gottesgabe sorgfältig über den ganzen Garten aus, als striche er seinem Kinde Marmelade auf das Butterbrot. Da hast du, Fliederstrauch, lasse es dir schmecken!

Ihnen, Madame Herriot, schenke ich ein ganzes Häuflein, weil Sie so hübsch bronzefarben geblüht haben. Damit du nicht zu kurz kommst, Mutterkraut, gebe ich dir diesen Pferdeapfel; und dir, fleißig blühende Flammenblume, streue ich braunes Stroh.
Warum rümpft ihr die Nasen? Dufte ich euch nicht gut genug?

Nur noch ein Weilchen, und wir erweisen unserem Garten den letzten Dienst. Noch lassen wir den einen oder anderen Herbstfrost vorübergehen, und dann betten wir den Garten in grünes Reisig, biegen die Rosenstöcke nieder, umgeben ihre Hälschen mit Erde, schichten duftende Fichtenzweige darüber und wünschen ihnen eine gute Nacht. Gewöhnlich deckt man mit dem Reisig noch allerlei andere Sachen zu, wie das Taschenmesser oder die Pfeife. Im Frühjahr, wenn man das Reisig abnimmt, feiert man mit allem Wiedersehen.
Aber noch sind wir nicht so weit, noch blüht es hier und da, noch blinzelt uns die Allerseelenaster mit ihren lilafarbenen Augen an, noch blühen Himmelsschlüssel und Veilchen zum Zeichen, dass auch der November seinen Frühling hat, und die indische Chrysantheme (so benannt, weil sie nicht aus Indien, sondern aus China stammt) lässt sich weder durch das schlechteste Wetter noch durch die politischen Verhältnisse davon abhalten, ihren so zarten und ungeheuren Blütenreichtum fuchsrot und weiß, golden und brünett zu entfalten. Auch die Rose blüht zum letztenmal. Königin, sechs Monate lang hast du geblüht; gewiss bist du das deiner Stellung auch schuldig.
Und dann leuchten noch die Blätter in den Farben des Herbstes, gelb, purpurn, fuchsrot, orange, knallrot und dunkelbraun; es leuchten rote, orangefarbene, schwarze und blau bereifte Beeren und die gelbe, rötliche und helle Rinde der kahlen Äste. Noch sind wir nicht fertig. Selbst wenn der Schnee alles zudeckt, sind die dunkelgrünen Stechpalmen mit ihren feurigroten Früchten, die schwarzen Kiefern, Zypressen und Eiben noch da; es nimmt nie ein Ende.

Ich sage euch, es gibt keinen Tod, nicht einmal einen Schlaf. Wir wachsen nur aus einer Zeit in die andere hinein. Wir müssen mit dem Leben Geduld haben, denn das Leben ist ewig.

Aber auch ihr, die ihr kein Beet mit eigener Erde besitzt, könnt euch in dieser herbstlichen Zeit vor der Natur verneigen: ihr könnt Hyazinthen- und Tulpenzwiebeln in eure Blumentöpfe setzen, damit sie euch im Laufe des Winters entweder erfrieren oder erblühen. Das macht man so: man kauft beim nächsten Gärtner die entsprechenden Zwiebeln und dazu einen Sack voll guter Komposterde. Dann sucht man im Keller und auf dem Dachboden alle alten Blumentöpfe zusammen und gibt in jeden Topf eine Zwiebel. Schließlich bemerkt man, dass man zwar noch einige Zwiebeln, aber keine Töpfe mehr hat. Also kauft man Blumentöpfe, worauf man feststellt, dass man zwar keine Zwiebel mehr, dafür aber Blumentöpfe und Erde übrig hat. Also kauft man noch ein paar Zwiebeln; weil jetzt aber die Erde nicht ausreicht, kauft man sich noch ein Säckchen Erde. Dann bleibt wieder Erde übrig, die man natürlich nicht wegwerfen will, weshalb man lieber noch einige Blumentöpfe und Zwiebeln dazukauft. Auf diese Weise geht es weiter, bis die Hausgenossen Einspruch erheben. Hierauf stellt man die Blumentöpfe auf die Fensterbänke, auf Tische und Schränke, in die Vorratskammer, in den Keller und auf den Dachboden. Und schaut nun voller Zuversicht dem kommenden Winter entgegen.

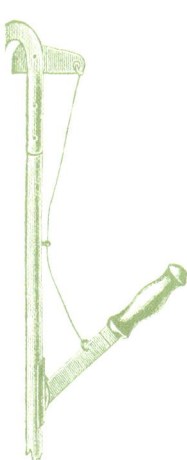

Mein Garten im November

*Es heißt nun Abschied nehmen von der Fülle des Blühens
und Erntens und schon an den nächsten Frühling denken.*

Noch kann eingepflanzt werden; noch können Blumenzwiebeln
gesetzt werden.

Wenn Kälte um minus 50 Grad Celsius droht, müssen auch Oleander,
Schönmalve, Palmen, Strauchmargerite, Bleiwurz,
Rosmarin ins Winterquartier.

Frostempfindliche Knollen werden ausgegraben und überwintern
in frostfreien, dunklen Räumen. Verblühte Blütenstände
von den Stauden entfernen.

Pampagräser binden und mit einer Bastmatte umhüllen;
empfindliche Kleingehölze mit Bastmatten schützen.

Zierhölzer schneiden. Rosen mit Substrat anhäufeln;
verblühte Rosen rausschneiden und dann leicht kürzen,
um Krankheiten nicht überwintern zu lassen;
Schnittgut nicht in den Kompost, sondern zur Müllabfuhr geben.

Sellerie, Wirsing, Chinakohl ernten. Kartoffeln,
Zwiebeln, Möhren, Sellerie … einlagern.
Aus dem Lagerobst schadhafte Früchte entfernen.

Merkliste und Notizen

-
-
-
-
-
-
-
-
-
-
-
-
-
-
-
-
-

Die Vorbereitung

Was soll das viele Reden; schon sind alle Anzeichen da, dass sich die Natur, wie man zu sagen pflegt, auf den Winterschlaf vorbereitet. Blatt um Blatt gleitet in schöner und gleichzeitig trauriger Bewegung von meinen Birken zu Boden; was geblüht hat, zieht sich in die Erde zurück, von allem, was so üppig spross, bleibt nichts als kahle Besen oder feuchte Strünke, zusammengeschrumpftes Blattwerk oder vertrocknete Stängel zurück, und selbst die Erde riecht modrig nach Verwesung. Was soll das viele Reden: Für dieses Jahr ist eben Schluss. Liebe Chrysantheme, rede dir nichts mehr ein vom Reichtum dieses Lebens; und du, weißes Fingerkraut, verwechsle diese letzten Sonnenstrahlen nicht mit der heiteren Märzsonne. Es hilft nichts mehr, Kinder, die Pracht ist vorüber; legt euch schön nieder zum Winterschlaf.

Ach nein, ach nein! Was fällt euch denn ein? Erzählt doch keine Märchen! Was für ein Schlaf sollte das denn sein? Alljährlich sagen wir, dass die Natur ihren Winterschlaf antrete, aber noch nie haben wir uns diesen Schlaf aus der Nähe betrachtet, oder genauer gesagt, noch nie haben wir ihn von unten gesehen. Stellen wir doch einmal die Dinge auf den Kopf, damit wir sie besser kennenlernen; stellen wir doch die Natur auf den Kopf, damit wir in sie hineinsehen können, drehen wir doch die Wurzeln nach oben. Mein lieber Gott, das soll Schlaf sein? Das nennt ihr Ausruhen? Eher möchte man sagen, die Natur habe aufgehört nach oben zu wachsen, weil sie keine Zeit dafür hat. Sie krempelt sich nämlich die Ärmel hoch und wächst nach unten; spuckt sich in die Hände und gräbt sich in die Erde ein. Seht doch, dieses Helle in der Erde, das sind neue Wurzeln, seht doch, bis wohin sie sich vorwärtsdrängen! Hau ruck! Hau ruck! Hört ihr denn nicht, wie die Erde unter diesem andauernden massiven Ansturm kracht? »Melde gehorsamst, Herr General, die Schwarmlinie der Wurzeln ist tief in die feindliche Linie eingedrungen; die Vorhut der Flammenblumen hat bereits Verbindung mit der Vorhut der Glockenblumen aufgenommen.« »Gut, gut, sie sollen sich im eroberten Gebiet eingraben; das gesteckte Ziel ist erreicht.«

Und das Dicke, Weiße und Zarte hier sind neue Triebe und neue Keimlinge. Seht nur, wie viele es schon sind. Wie du heimlich buschig geworden bist, du welke, verdorrte Staude, wie du vor Kraft strotzt und überquillst vor Leben! Und das nennt ihr Schlaf? Hole der Teufel die Blätter und Blüten! Hier unten, unter der Erde vollzieht sich die eigentliche Arbeit, hier, hier, hier und hier wachsen die neuen Stängel; von hierher bis dorthin, in diesen herbstlichen Novembergrenzen drängt das märzliche Leben hervor, hier unter der Erde wird das große Frühlingsprogramm entworfen. Noch hat es keine ruhige Minute gegeben; siehe, da ist der Bauplan, hier sind die Fundamente ausgehoben und die Röhren gelegt;

und wir graben noch weiter, ehe der Frost den Boden erstarren lässt. Der Frühling möge sein grünes Gewölbe über der Pionierarbeit des Herbstes errichten! Wir Herbstkräfte haben ganze Arbeit geleistet!

Der harte, dicke Trieb unter der Erde, die Beule am Scheitel der Knollen, der wunderliche Auswuchs unter dem trockenen Laub: Das sind die Bomben, aus denen die Frühlingsblumen hervorsprengen werden. Wir sagen, der Frühling sei die Zeit des Austreibens; in Wirklichkeit aber ist es der Herbst. Seit wir die Natur betrachten sagen wir, das Jahr endet mit dem Herbst. Aber viel richtiger ist die Feststellung, dass der Herbst der Anfang des Jahres ist. Man nimmt allgemein an, dass im Herbst die Blätter abfallen, was ich nicht recht abstreiten kann; ich behaupte nur, dass der Herbst in einem gewissen tieferen Sinn die Zeit ist, in der die Blätter sich eigentlich entwickeln. Die Blätter verwelken, weil es Winter wird; aber sie verwelken auch deswegen, weil der Frühling beginnt, weil sich schon neue Knospen, klein wie Knallerbsen, bilden, aus denen der Frühling hervorspringen wird. Es ist nur eine optische Täuschung, dass Bäume und Sträucher im Herbst kahl sind; sie tragen nämlich bereits alles in sich, was sich im Frühling an ihnen entfalten und entwickeln wird. Es ist auch eine optische Täuschung, dass die Blume im Herbst eingeht, weil sie eigentlich geboren wird. Wir sagen, die Natur ruhe aus, stattdessen drängt sie unbändig vorwärts. Sie hat nur den Laden verschlossen und die Rollläden herabgelassen; aber dahinter wird bereits neue Ware ausgepackt, und die Fächer sind bis zum Bersten gefüllt. Leute, das ist doch der wahre Frühling; was jetzt nicht fertig ist, wird auch im April nicht fertig sein. Die Zukunft liegt nicht vor uns, sondern sie ist schon da, sie ist in der Gestalt des Keimlings schon mitten unter uns. Und was jetzt nicht unter uns ist, wird es auch später nicht geben. Wir sehen die Keimlinge nicht, weil sie unter der Erde sind; wir sehen die Zukunft nicht, weil sie in uns ist. Manchmal scheint es uns, als würden wir nach Verwesung riechen, bedeckt mit den vertrockneten Resten der Vergangenheit; könnten wir aber sehen, wie viele dicke und weiße Triebe sich den Weg im alten Kulturboden bahnen, den wir das Heute nennen, wieviel Samen im Geheimen keimen, wie viele alte Setzlinge sich sammeln und zu einem neuen Trieb vereinen, der einst zu blühendem Leben aufgehen wird; könnten wir das geheime Gewimmel der Zukunft unter uns sehen, wir würden wahrscheinlich sagen, dass unser Klagen und unser Misstrauen große Dummheiten sind, denn das Beste von allem ist es doch: ein lebendiger Mensch zu sein, nämlich ein Mensch, der wächst.

Der Frühling ist zwar schön;
doch wenn der Herbst nicht wär',
wär' zwar das Auge satt,
der Magen aber leer.

FRIEDRICH VON LOGAU

Alles hat auf der Erde geblüht,
was blühen konnte,
jedes zu seiner Zeit
und in seinem Kreise:
es ist abgeblüht und
wird wieder blühen,
wenn seine Zeit kommt.

JOHANN GOTTFRIED HERDER

Der Gärtner
im Dezember

Jawohl, jetzt ist alles fertig. Bis jetzt hat der Gärtner gegraben und gehackt, aufgelockert und gedüngt, den Boden mit Kalk, Torf, Asche und Ruß durchmischt; er hat beschnitten, gesät, eingepflanzt und umgesetzt, Zwiebeln in die Erde gesteckt, Knollen über den Winter aus dem Boden genommen, befeuchtet und begossen, den Rasen gemäht, gejätet, die Pflanzen mit Reisig oder mit Erde bedeckt; das alles hat er vom Februar bis zum Dezember getan; und jetzt erst, während der Garten im Schnee versinkt, erinnert sich der Gärtner plötzlich, dass er eines vergessen hatte: seinen Garten richtig anzusehen. Denn dazu – glaubt es mir – hat er niemals Zeit gehabt. Wollte er im Sommer den blühenden Enzian betrachten, musste er unterwegs stehenbleiben, um den Rasen vom Unkraut zu befreien. Wollte er sich an der Schönheit des aufgeblühten Rittersporns erfreuen, bemerkte er, dass er ihn stützen und anbinden musste. Als die Astern blühten, lief er mit der Gießkanne herum, um ihnen Wasser zu geben. Als der Phlox blühte, jätete er die Quecken aus; während der Rosenblüte mühte er sich, die Wasserreiser abzuschneiden oder den Mehltau zu entfernen. Als die Chrysanthemen blühten, stürmte er mit dem Spaten auf sie los und lockerte ringsum die Erde auf. Also was wollt ihr, immer gab es etwas zu tun. Soll man denn die Hände in die Hosentaschen stecken und im Garten herumgaffen? Doch jetzt ist ja, Gott sei Dank, schon alles fertig. Es gäbe zwar noch allerhand zu tun: Dort hinten ist die Erde hart wie Stein, und die Flockenblume wollte er eigentlich umsetzen; aber Friede sei mit euch, es schneit bereits. Brr, ist das kalt! Nicht einmal im Winter kann man seinen Garten genießen.

Nun gut, drehen wir die Heizung hoch und lassen wir den Garten unter dem leichten Federbett aus Schnee ruhig schlafen. Es tut gut, auch einmal an andere Dinge zu denken. Auf dem Tisch stapeln

sich die ungelesenen Bücher, fangen wir endlich an zu lesen. – Doch
nein, wir haben noch so viele andere Pläne und Sorgen, kümmern wir
uns erst um diese.

Ob wir auch nur alles gut mit Reisig abgedeckt haben? Haben
wir die Fackellilie gut zugedeckt und die Bleiwurz auch? Die Lorbeer-
rosen müssten eigentlich auch mit etwas Reisig bedeckt werden. Ob uns
die Azalee nicht erfrieren wird? Und was tun, wenn die Knollen des
Asiatischen Hahnenfußes nicht aufgehen? Dann müssten wir etwas anderes an ihre Stelle setzen … einen Augenblick … nur einen Augenblick,
sehen wir doch gleich in einer Preisliste nach.
Der Garten im Dezember ist vor allem in einer Unzahl von Gärtnerka-
talogen dokumentiert. Der Gärtner selbst überwintert in einem beheiz-
ten, verglasten Raum, bis zum Hals keineswegs mit Dünger oder Reisig,
sondern mit Preislisten und Prospekten für den Gartenbedarf, mit Gar-
tenbüchern und Broschüren zugedeckt, denen er entnimmt,
1. dass die wertvollsten, dankbarsten und ganz und gar unentbehrlichen
Blumen diejenigen sind, die er noch nicht in seinem Garten hat;
2. dass alles, was er in seinem Garten hat, »etwas heikel« ist und »gern
erfriert«, oder dass er in einem Beet eine Blume eingepflanzt hat, »die
Feuchtigkeit erfordert«, und daneben eine andere, »die vor Feuchtigkeit
geschützt werden muss«; dass eine Pflanze, die er dem stärksten Sonnenlicht ausgesetzt hat, »vollen Schatten verlangt«, und umgekehrt;
3. dass es mehr als dreihundertsiebzig Blumenarten gibt, die »größere
Aufmerksamkeit verdienten« und »in keinem Garten fehlen sollten«
oder die zumindest »eine ganz neue und überraschende Abart darstellen,
die alle bisherigen Ergebnisse weit übertrifft«.
Dies alles stimmt den Gärtner im Dezember recht missmutig; einerseits
befürchtet er, dass im Frühjahr infolge von Frost oder Hitze, Nässe oder
Trockenheit, zu viel oder zu wenig Sonne nicht eine einzige seiner Blumen aufgehen werde, weshalb er darüber nachgrübelt, womit er diese
schrecklichen Lücken füllen wird.
Andererseits muss er sich sagen, wenn in seinem Garten auch nur der
kleinste Teil eingehen sollte, er fast nichts von jenen »wertvollsten, üppig blühenden, ganz neuen, unübertrefflichen« Arten haben wird, von

denen er gerade aus sechzig Katalogen erfahren hat; auch das ist sicherlich eine unerträgliche Lücke, die er irgendwie füllen muss. Und da hört der überwinternde Gärtner auf, sich für das zu interessieren, was er in seinem Garten hat, sondern er ist ganz fasziniert von dem, was er nicht hat und was natürlich bei weitem mehr ist. Also stürzt er sich auf die Kataloge und streicht darin an, was er unbedingt bestellen muss, was ihm um Gottes willen nicht fehlen darf. Im ersten Eifer sucht er vierhundertneunzig Stauden aus, die er, koste es, was es wolle, bestellen wird. Nachdem er schließlich zusammengerechnet hat, ist er ein wenig abgekühlt und beginnt blutenden Herzens diejenigen zu streichen, auf die er diesmal verzichten muss. Diese schmerzliche Arbeit muss er noch fünfmal durchführen, bis ihm an die hundertzwanzig der »schönsten, dankbarsten und unentbehrlichsten« Stauden verbleiben, die er – von inniger Freude beflügelt – sofort bestellt. »Senden Sie sie mir Anfang März zu!« – Ach Gott, wenn doch bloß schon März wäre, denkt er dabei in fieberhafter Ungeduld.

Nun, Gott hat ihn mit Blindheit geschlagen: im März stellt er nämlich fest, dass er in seinem Garten nur mit größter Mühe kaum zwei bis drei Stellen findet, wo man noch etwas einpflanzen könnte, und das auch noch nur beim Zaun hinter den japanischen Quitten.

Sobald er die wichtigste – und offensichtlich – ziemlich übereilte Winterarbeit erledigt hat, beginnt sich der Gärtner fürchterlich zu langweilen; weil es heißt »es im März beginnt«, zählt er die Tage bis zum März; da es ihm aber zu viele sind, rechnet er noch fünfzehn Tage ab, weil »es ja manchmal auch schon im Februar beginnt«. Doch das hilft nichts, er muss eben warten. Daraufhin stürzt sich der Gärtner auf etwas anderes, sagen wir auf das Sofa, auf den Diwan oder die Chaiselongue, und bemüht sich, es dem Winterschlaf der Natur gleichzutun.

Nach einer halben Stunde springt er, von einer neuen Idee inspiriert, aus dieser horizontalen Lage auf. Blumentöpfe! Man kann doch Blumen in Blumentöpfen ziehen! Und plötzlich sieht er ein Dickicht von Palmen und Latanien, Dracaenen und Tradescantien, Asparagus, Clivien, Schildblumen, Mimosen und Begonien in ihrer ganzen tropischen Schönheit vor sich. Und dazwischen werden frühzeitige Primeln und Hyazinthen oder Alpenveilchen blühen; aus dem Flur wird ein Äquatorialdschungel, im Treppenhaus werden Ranken herabhängen, und auf die Fensterbänke kommen Töpfe mit Blumen, die wie verrückt blühen werden. Da wirft der Gärtner einen raschen Blick um sich und sieht plötzlich nicht mehr das Zimmer, das er bewohnt, sondern einen paradiesischen Urwald, den er hier hervorzaubern wird. Schon eilt er zur Gärtnerei um die Ecke, um mit vollen Armen die Schätze der Vegetation heimzuschleppen.

Als er alles nach Hause bringt, bemerkt er,

- dass die Sachen, nebeneinandergestellt, nicht wie ein Äquatorialurwald, sondern eher wie ein Töpferladen aussehen;

- dass er nichts an die Fenster stellen kann, weil – wie die Frauen des Hauses mit Nachdruck darauf bestehen – die Fenster zum Lüften da seien;

- dass er nichts ins Treppenhaus stellen kann, weil man Wasser verspritze und dadurch die Treppe zum Schweinestall mache;

- dass er den Flur nicht in einen tropischen Urwald verwandeln kann, weil die Frauen trotz seiner eindringlichen Bitten und Flüche darauf bestehen, die Fenster zu öffnen und die Eiseskälte einzulassen.

So trägt denn der Gärtner seine Schätze in den Keller, wo sie, wie er sich tröstet, wenigstens nicht frieren müssen. Wenn er dann im Frühjahr im feuchten Boden graben wird, hat er seine Blumentöpfe todsicher vergessen. Welche Erfahrung ihn keineswegs daran hindern wird, es im nächsten Dezember wieder zu versuchen, sein Haus mit neuen Blumentöpfen in einen Wintergarten zu verwandeln. Darin erkennt ihr das ewige Leben der Natur.

 # Mein Garten im Dezember

Während der Garten unter einer Schneedecke liegt,
künden Barbarazweige vom neuen Frühling.

Solange der Boden nicht gefroren ist,
können noch Ziergehölze eingesetzt werden.
Vor dem Kälteeinbruch immergrüne Gehölze intensiv wässern.

Empfindliche Pflanzen mit Tannenreisig, Schilf- oder
Bastmatten schützen.

Falls die Obstbäume noch keine Leimringe haben,
sie jetzt noch anbringen. Auch hilft ein Anstrich auf der Rinde.
Bei Frost können Bäume gefällt werden.

Den Garten aufräumen; Gartenschläuche, Wasserleitungen,
Wasserbehälter entleeren und frostsicher aufbewahren.
Gartenmaschinen bereits jetzt zur Wartung anmelden.

Pflanzen im Winterquartier etwa alle zwei Wochen behutsam begießen.

Zweige von Frühblühern wie Forsythie, Kirsche, Pflaume
am Barbaratag, den 4.12., schneiden und im warmen Raum ins Wasser
stellen; sie blühen dann um die Weihnachtszeit.

Merkliste und Notizen

VOM LEBEN DES GÄRTNERS

Man sagt: Die Zeit bringt Rosen. Das ist zwar richtig – immerhin muss man auf die Rosen bis Juni oder Juli warten; und was das Heranwachsen des Rosenstocks betrifft, genügen drei Jahre, damit er eine anständige Krone bildet. Doch viel eher sollte man sagen: Die Zeit bringt Eichen, oder die Zeit bringt Birken. Ich pflanzte einige Birken ein und dachte mir: Hier wird einmal ein Birkenhain sein, und dort in der Ecke wird eine mächtige hundertjährige Eiche stehen. Also pflanzte ich auch ein Eichenbäumchen ein, doch sind bereits zwei Jahre vergangen, und noch immer ist keine mächtige, hundertjährige Eiche daraus geworden, und auch die Birken sind noch kein hundertjähriger Hain, in dem die Nymphen tanzen. Natürlich warte ich noch einige Jahre; wir Gärtner haben eine unendliche Geduld.

Auf meinem Rasen habe ich eine Libanon-Zeder stehen, die ist schon fast so groß wie ich. Laut den Aussagen der Fachleute erreicht die Zeder eine Höhe von mehr als 40 Metern und einen Umfang von 16 Metern. Nun, ich möchte schon darauf warten, bis sie die vorgeschriebene Höhe und Stärke erreicht; es würde sich eigentlich gehören, dass ich das bei voller Gesundheit erlebe und sozusagen die Früchte meiner Arbeit ernte. Inzwischen ist die Zeder um gute 26 Zentimeter gewachsen; nun gut, ich warte noch.

Nehmen wir zum Beispiel das Gras. Wenn man es gut aussät und es die Spatzen nicht wegpicken, sprießt es in vierzehn Tagen hervor, und nach sechs Wochen muss es geschnitten werden; aber ein englischer Rasen ist das noch lange nicht. Ich kenne ein ausgezeichnetes Rezept für den englischen Rasen, das – ähnlich wie das Rezept für die Worcestersauce – »von einem englischen Landlord« stammt. Diesem Lord sagte einmal ein amerikanischer Milliardär: »Mein Herr, ich bezahle, was Sie wollen, wenn Sie mir verraten, auf welche Weise man einen so vollkommenen, grünen, dichten, makellosen, samtweichen, gleichmäßigen, frischen, unverwüstlichen, kurz einen so vollkommenen englischen Rasen erzielt, wie es der Ihre ist.« – »Das ist ganz einfach«, erwiderte der englische Landlord. »Man muss den Boden gut und tief vorbereiten. Es muss ein nahrhafter und durchlässiger Boden sein, er darf weder sauer noch fett, weder schwer noch unfruchtbar sein; dann ebnet man ihn ein, damit er wie ein Tisch ist, sät den Grassamen aus und walzt den Boden sorgfältig nieder. Dann begießt man ihn täglich, und wenn das Gras herauskommt, schneidet man es Woche für Woche, kehrt das abgemähte Gras mit Besen hinaus und walzt den Rasen nieder; er muss täglich begossen, befeuchtet, benetzt oder berieselt werden. Wenn Sie das dreihundert Jahre lang tun, werden Sie einen ebenso guten Rasen haben wie ich.«

Dazu kommt, dass jeder von uns Gärtnern praktisch alle Rosenarten ausprobieren möchte und es hinsichtlich der Knospen und Blüten, Stängel und Blätter, Kronen und anderer Eigenschaften auch wirklich tun sollte; das gilt auch für alle Arten der Tulpen und Lilien, Rittersporn, Nelken, Glockenblumen, Geißbart, Veilchen, Chrysanthemen, Dahlien, Gladiolen, Pfingstrosen, Astern, Primeln, Anemonen, Akeleien, Steinbrech, Enzian, Sonnenblumen, Mohnblumen, Goldruten, Trollblume und Ehrenpreis, von denen jede wenigstens ein Dutzend der besten und unentbehrlichsten Abarten, Varietäten und Hybriden hat. Dazu muss man noch einige hundert Familien und Arten zählen, die nur drei bis zwölf Varietäten haben; ferner muss man auch den Gebirgs-, Wasser-, Heide-, zwiebelartigen, farnartigen und schattenliebenden, den holzigen und immergrünen Pflanzen eine besondere Aufmerksamkeit schenken. Zähle ich all das zusammen, ergibt das, bei sehr vorsichtiger Schätzung und sozusagen unter Brüdern, elfhundert Jahre. Also elfhundert Jahre braucht der Gärtner, um alles, was ihn betrifft, auszuprobieren, zu verstehen und praktisch zu verwerten. Billiger geht's nicht, höchstens, dass ich noch fünf Prozent nachlasse, weil ihr es seid und vielleicht nicht alles züchten müsst, obwohl es sich lohnen würde. Trotzdem müsst ihr euch beeilen und keinen Tag verlieren, wolltet ihr in dieser Zeit alles schaffen, was nötig ist. Der Mensch soll vollenden, was er begonnen hat; das seid ihr eurem Garten schuldig. Ein Rezept dafür kann ich euch nicht geben; ihr müsst es selber probieren und durchhalten.

Wir Gärtner leben gewissermaßen in die Zukunft hinein; wenn unsere Rosen blühen, denken wir daran, dass sie im nächsten Jahr noch schöner blühen werden. Und in zehn Jahren wird aus diesem Fichtenbäumchen ein richtig schöner Baum geworden sein – wenn ich diese zehn Jahre nur schon hinter mir hätte! Ich möchte schon sehen, wie die Birken in fünfzig Jahren aussehen werden. Das Wesentliche, das Beste liegt immer vor uns. Jedes weitere Jahr schenkt mehr Wuchs und mehr Schönheit. Gott sei Dank, wir sind bald wieder ein Jahr weiter.

Wenn ich mit intellektuellen Freunden spreche,

festigt sich in mir die Überzeugung,

vollkommenes Glück sei ein unerreichbarer Wunschtraum.

Spreche ich dagegen mit meinem Gärtner,

bin ich vom Gegenteil überzeugt.

BERTRAND RUSSELL

Lasst uns unser Glück besorgen,

in den Garten gehen und arbeiten.

VOLTAIRE

 Verlagsgruppe Random House FSC®-DEU-0100
Das für dieses Buch verwendete FSC®-zertifizierte Papier
Juwel Offset liefert Arctic Paper, Kostrzyn, Polen.

ISBN 3-572-08005-2

Idee, Konzeption und Realisation: buchprojekte, Freiburg
Umschlaggestaltung: Atelier Versen, Bad Aibling
Fotografie und Bildredaktion: Bildarchiv-CDC (© Benno Baldes), Freiburg
Schmuckvignetten: Bildarchiv-CDC, Freiburg
Layout: Benno Baldes, Freiburg
Satz und Produktion: GrafikwerkFreiburg
Herstellung: Sonja Storz

Druck: OAN, Leipzig
Printed in Germany

817 2635 4453 6271

Mensch sein

heißt Gärtner sein.

RALPH WALDO EMERSON